あたらしい自分との出会い

New Self

「自分らしさ」の発見、「多様性」の尊重、
そして「協働」の実現

川西俊吾／元山琴菜【著】

KAIZOSHA

目次

序 章

より良い社会づくりのための「多様性」

　わたしたちが生きている社会には、「社会的カテゴリー」が存在します。社会的カテゴリーとは、性別や、自分の性をどう認識するかを指す性自認、好きになる人はどの性別かを指す性指向、国籍、人種、民族、見た目、通う学校、職業、年齢、障がいの有無など、わたしたちを見る時に使われる社会的な分類のことです。

　例えば、赤ちゃんが「オギャー！」と元気よく生まれました。周りの人たちは「おめでとう」と祝福しています。でも、赤ちゃんを見たおとなたちの中には、もしかするとこう言う人もいるかもしれません。「肌の色が少しちがう。苦労するだろうな」、「障がいがあるようだが、大丈夫だろうか」。赤ちゃんのことを心配して言っているように聞こえますが、こういった見方は、この赤ちゃんを肌の色や障がいなど社会的なカテゴリーに分類し、その属性ゆえに人生を通して克服しなければいけない問題を、赤ちゃん本人が成長して理解し了解できるようになる前に一方的に押し付けてしまうことになります。生まれた瞬間になされる分類だけではなく、この赤ちゃんが成長していく過程でも、他の人からあらゆる社会的なカテゴリーを通して見られることがあるでしょう。どの赤ちゃんも、素晴らしい能力を身につけて、自分自身の幸せも追求し、また、人々の幸せに貢献できる人生を歩む可能性を持っています。しかし、このエピソードでは、一人の人生が、他の人から一方的に押し付けられた問題を克服するために生きることを強制され多くの可能性を奪われるという、到底受け入れられないものとなってしまいます。そしてこのような状況は、少々形は異なっていても、身近なところに存在しています。

　この本は、全ての人たちが幸せになってほしいと願う二人の著者が、「差別」という、人類が数千年の歴史を通して未だに解決できていない大きな問題を、より希望に満ちた新しい社会づくりの担い手である高校生の皆さんと一緒に真剣に考え、差別をなくすための具体的な行動へと結びつけたいという思いで書いています。なぜなら差別は、決して個人の問題ではな

く、社会を形成するわたしたち全員の問題だからです。現状では、ある一定の社会的カテゴリーをもつ人への差別がすでに存在し、それが社会の在り方として根付いてしまっています。それは、場所や時間を超えて、長年社会で引き継がれてきたからです。だからと言って、「人は変わらない」「差別はなくならない」「これが社会のあり方だから仕方がない」と、差別を解決できない問題とみなしてしまってもいいのでしょうか。全ての人たちが「幸せな人生を送りたい」と願って生きています。何が幸せなのかは、もちろん人によって違っています。しかし、幸せを実現するためにも差別をなくすためにも、理想的な人間関係が必要であるということは同じです。そのためにも、社会の形成に関わるわたしたち一人ひとりが、自分を変えることで社会を変えていくことができれば、差別の問題の根本的な解決も可能なはずと考えることが大切なのではないでしょうか。

　著者の二人は、人は変わろうとすれば必ず変わることができると信じています。ただ「自分を変える」ためには「どんな風に変えるのか」を知っておく必要があります。つまり、「どんな自分でありたいだろう」と、理想とする自分自身を想定して、それに向けて自分を変えていく必要があるということです。その理想の姿に向けて、日々の生活の中で具体的に少しずつ自分を変えることができれば、常に向上する自分を感じながら生きることができるでしょう。これは、例えば、行き先も分からないままただ歩き続けても、そこから得られるものがあるかは分かりませんが、行きたい場所をしっかりと決めてそこへ行く道筋も考えて歩けば、一歩一歩の歩みが目的地への接近を意味するようになり、歩くことの意義を感じられるようになるということと同じです。

　しかし、わたしたちの多くは、理想とする自分になるために目標を掲げ、それに向けて変わろうとするのではなく、他者からの期待や要求、社会における成功の基準などに基づいて、自分を変えているのではないでしょうか。「親の言うことをよく聞く子でいてほしい」「勉強のできる子であって

ほしい」「一流の大学に入学してほしい」「いい会社に就職してほしい」「いい人と結婚してほしい」。そういった期待をかけられる子どもたちが、それを実現することで「良い子」として育ち、自分が求めるものではなく、他の人から求められた姿に自分を迎合していく。こんな流れが当たり前になっているのではないでしょうか。ここでの「良い子」は他の人を満足させるという意味であり、自分らしい生き方をして自分を満足させている、ということとは異なります。本書でも取り上げる、心理学者のアルフレッド・アドラーは「他者に自分の人生を決めさせてはいけない」と言っていますし、アップルの創業者のスティーブ・ジョブズも「他人の人生を生きてはいけない」と言って、自分の人生の目的を自分で設定することの大切さを強調しています。

　自分の人生を生きるというのは、自分らしく生きていくことです。自分らしく生きていくためには、自分を愛することが大切です。"Love yourself first, then you can love others（まずは自分を愛しなさい、それから他の人を愛することができる）"。これは、私（元山）が 19 歳の大学生の時に聞いた、ある先生の言葉です。それ以降この言葉は、私の人生を支え続けてくれていますが、もっと前から知っておきたかったと思う言葉でもあります。当時の私は、「他の人にどう思われるか」ということにすごく敏感で、周りの人が提示するあらゆる「らしさ」を、「自分らしさ」と勘違いして、自分を迎合させようとしていました。しかし、19 歳で「自分をまず愛しなさい」と言われた時、他の人にどう思われるかを基準とし、本当の自分を押さえつけているそれまでの私では、自分のことは愛せないと気付きました。そして、本当の「自分らしさ」は、社会にある「らしさ」と違うし、社会の「らしさ」に無理に合わせず、「自分らしさ」を追求してよいと言われた気がして、とても励まされ、うれしかったのです。

　あなたは自分のことを好きだと胸を張って言えますか。自分を愛せないと思う人は、社会で求められる理想像と等身大の自分とを比較して、「他

の人はこんなことができるのに、自分はできない」と、他の人の目を通して自分の価値を決めていませんか。自分らしさを、人から求められる姿で定義するのではなく、なりたい自分の姿を通して定義していくことが大切です。人の数だけ「自分らしさ」は存在し、それに優劣をつける必要はありません。自分の「自分らしさ」は他の人の「自分らしさ」と同じくらい大切です。そのように「自分らしさ」の多様性を互いに尊重し合うことが、他の人たちとの積極的な人間関係の構築を可能にし、差別を含む様々な問題の解決につながっていくのではないでしょうか。

　この本は、自分らしさの多様性が尊重されることを通して差別をなくし、協働を通してより多くの人が幸せになるために必要な事柄を皆さんと一緒に考えることを目的として書かれた本です。近年よく耳にする「多様性」という言葉は、社会の発展のためのキーコンセプトの一つとして、学校でも、メディアでも、政府でも捉えられ、「留学生や外国人労働者の数を増やそう」「女性にもっと活躍してもらおう」といった考え方が、多様性と同一視されています。異なった社会的カテゴリーを持った人たちを多様性と捉え、互いの違いを尊重し合い、共存することは、一緒に協力して何かを成し遂げる上では必要な人間関係です。しかしこの本では、多様性は、異なったものが共存しているという「状況」ではなく、様々な能力（その人ができること・得意なこと）を持った人たちが協力し合うために必要な「基盤」と捉えています。共存するだけでは、差別する心の克服にはつながりませんし、異なった人たちとの出会いが、差別の気持ちを強めるかもしれないからです。大切なのは、一人ひとりの違いを認め合い、その人が自分以外の人のために何かしようという意志やその人ができることを尊重・尊敬し合い、協力を通して一緒に問題を解決したり、何か新しい成果を出したりすることではないでしょうか。そのために、わたしたち一人ひとりがどのように自分を変え、何をしていけばいいのかについて一緒に考えられるような本の構成になっています。

　1章では、よりよい社会づくりに必要なものの見方や考え方を紹介します。それらの考えは、日常生活にも十分活かすことができると思います。2章では、「幸せ」について一緒に考えていきます。なぜなら、幸せになることが、わたしたち人間の生きる目的であり、それを達成するためには、改めて幸せとは何かを知っておく必要があるためです。3章では、わたしたちが住んでいる世界を理解してもらいます。変わりゆく世界の中で、わたしたち一人ひとりがもつべき視点や物事の捉え方を知り、地球上に住み続けるためには、差別をなくすことが不可欠であるということを感じてもらうためです。4章では、差別を含むあらゆる問題の解決方法について説明します。問題分析をするだけで終わってしまえば、問題は解決できず、幸せを達成することはできないからです。5章では、「自分らしさ」とその多様性について見ていきます。「自分らしさ」とは何か、わたしたちは自分や他の人たちをどう認識しているのか、どのような認識の仕方が差別につながるのか、どのように差別を断ち切ることができるのかを一緒に考えていきたいと思います。自分を愛するとはどういうことなのかについても詳しく説明していきます。6章では、一人ひとりの人間がもつべき基本倫理についてお話しします。その倫理観を社会での基準と設定せず多様性の尊重を唱えることは、人を傷つけることが許容され、正当化されかねないからです。7章では、教育とその役割について説明し、教育現場を超えたあらゆる場所での教育の充実が、より良い社会づくりになることを示唆したいと思います。そして、最終章にあたる8章では、自分を変えていくことが、ひいては世界を変えることにつながるということを理解して、一人ひとりがより良い社会創造に向けて活躍するグローバルリーダーとして生きていくことを提案します。

　著者の二人は、国内外の多くの中学校・高校・大学・大学院で多様性とグローバル社会に関して、講演や講義、特別授業をしてきました。この本では、それらの講演の状況も参考にして書かれていますので、実際に講演

や授業での生徒や学生の声も反映されています。著者の二人は、授業や講演では常に一貫した「ストーリー」を持つことを大切にしています。そうすることで、つながりの中で物事を理解してもらい、その過程でいろいろな気付きをしてもらい、生徒や学生の実生活に役立つ知恵として学んだことを活かしてほしいと考えているからです。そのため、1章から順に読み進めて頂き、その「ストーリー」を楽しんでいただければと思います。

　この本を通しての気付きや理解が、皆さんのより良い未来のためと、より良い社会づくりのための一助となることを切に願っています。

第 1 章

より良い社会を創るための
ものの見方・考え方

「より良い社会」を創るということには誰もが賛同し、異を唱える人はいないでしょう。

　問題は、どのように社会を見ているのか、何を基準として社会の良し悪しを決めているのか、誰にとって良い社会なのかということをしっかりと考えることなく、「より良い社会」を創ろうとするところにあります。ある人にとっては、今まで自分が信じてきたことや現在知っていること、自分の価値観に当てはまる社会が「良い社会」なのかも知れません。また、ある人にとっては、全ての人たちが豊かな生活を送ることを「良い社会」と捉えるかもしれません。現存する問題点を克服した新しい社会を、「良い社会」と考えている人たちもいると思います。

　この章では、より多くの人たちが幸せになる社会を実現するために、どのように社会を見てゆけば良いかに関して、著者の二人のものの見方、考え方を紹介します。

第1節　自分を合わせる？　それとも、自分が変える？

　ある高校で、最初に世界に起こっている大きな変化についての話をしました。

川西：さあ、皆さん、私が話し始めてから少し時間が経ちましたね。この時間の間に自分が変わったと思う人は手をあげてください。

（ほとんどの生徒が手をあげるが……。）

川西：おや、手をあげない人もいるね。本当に何も変わらなかった？

（手をあげなかった生徒のほとんどがうなずく。）

川西：全く変わりませんでしたか。それはすごい事ですよ。だって時間が経っても、肉体的に全く歳を取らなかったということですよね。もちろん、わたしたちは全員、感じているかいないかに関わらず、常に変化しています。身体の変化だけではなく、知識や心にも変化が起

きています。

　読者の皆さんの中には、高校生として、朝起きて、学校へ行き、授業を受けて、友達としゃべり、部活をして、帰宅して、宿題をするような、ある程度決まった生活をしている方も多いのではないでしょうか。そういった生活をしていると、同じパターンの繰り返しの中に、昨日の自分と今日の自分、そして明日の自分に何も変化はないように感じてしまいがちです。これは、皆さんだけではなく、おとなにも当てはまることです。

　でも、わたしたちが意識するか否かに関わらず、自分と自分を取り巻く全ての環境は常に変化しています。ただ身体的に歳をとるということだけでなく、新しい知識や情報に触れたり、新しい経験をしたりすることで、自分のものの見方や考え方、人との付き合い方などが、常に何らかの形で変化しているのです。すぐに気付くほどの大きな変化でないにしても、小さな変化が、どんどんと積み上がっているのです。あらゆるものが常に変化し、変わらないものは何もないのです。

　今、わたしたちは、科学技術の飛躍的進歩と環境破壊などの地球規模の課題の出現で、人類史の中で、最も大きな変化が最も早い速度で起こっている時代に生きています。120年ほど前には、「人は空を飛べない」が常識であったものが、今はそれが非常識になっていますね。私（川西）が大学生であった頃はパソコンも携帯電話もない時代でしたが、それでもそれなりの手段を使って、あまり不便を感じない生活を送っていました。でも、今は、それらがなければ、仕事も生活もできないという自分がいます。この加速度的で大規模な変化の中で、わたしたちはどんなことに気をつけなければいけないのでしょうか。

　まず、当たり前のことですが、今持っている知識や情報は過去に集められたものです。だとすれば、それらの知識や情報は、急速な変化の中では現在や未来に適切に活用できなくなるものも多くあるはずです。変化がも

たらす新しい状況下では、新しい知識や価値の創造が必要とされますが、そのためには変化にどう向き合い、どのように捉えれば良いのでしょうか。

　変化に対する姿勢には三つの方法があると思います。一つ目は、変化など起こっていないとして「変化を無視」することです。今までの見方や考え方、今持っている知識や情報だけで全てを理解しようとすることで、変化している状況の中で、見慣れているものだけしか見ないようにするという姿勢です。これでは、現実の変化への対応がどんどんできなくなって、より大きな問題を抱えてしまいます。二つ目は、今起こっている変化をありのままに理解して、その変化に自分を合わせていくことです。起こっている変化に合わせることで、時代の変化の流れから外れることは避けられます。しかし、変化に合わせることには問題も残ります。自分が合わせようとしている変化は、誰がどのような意図をもって、どのようなゴールへ向けて起こされたのか分からないからです。もしかしたら、今起こっている変化の中には、人々を不幸な方向へ導いているものもあるかもしれません。時代遅れになるからと言って、何も考えずただただ自分を合わせていくことには、リスクもあるのです。三つ目の方法は「変化を引き起こす」ことです。この方法は、より良い社会の創造には不可欠だと考えます。非暴力の思想を徹底し、インドの建国の父であり、人類の良心の師でもあるマハトマ・ガンジーのことを知っている方も多いと思います。ガンジーは「世界に変化を望むなら、まず自分がその変化になりなさい（取り組みなさい）」という名言を残しており、変化に従う人（Change Followers）ではなく変化を創り出す人（Change Makers）に全ての人々がなるようにと説いています。方向を変えることもできない船で行先も分からない潮流に乗って進むのではなく、行きたいところへ向けて自分でしっかりと船の舵取りをしていくことの大切さを伝えています。

　著者たちは、自分で変化を引き起こすためには、二つの「ソウゾウ」力をもつことが大切だと考えています。一つ目の「ソウゾウ」力は、自分な

りの考え方や感性を駆使して最も素晴らしい未来の社会や自分の姿を描くための「想像力」です。そして、自分の想像と他者の想像を分かち合うことで、より素晴らしい社会を達成すべき目標として設定することができます。ただ、想像だけで終えてしまえば、単なる机上の空論となってしまいます。そのために必要なのが二番目の「ソウゾウ」力、素晴らしい社会の実現のために具体的に必要とされる新しい考え方や物事を段階的に展開してゆく「創造力」です。この二つの「ソウゾウ」力を身につけることで、必要な変化を主体的に引き起こしてゆく「Change Maker」としての自分を作ることができます。Change Maker として変化を引き起こしていくということは、自分が主体的に変化に関わるわけですから、もちろんそこには責任が生じます。しかし、変化を推進して行く過程で新しい知識や価値観を創造することを通して、世の中に貢献している自分を感じ取ることもできます。

　まずは理想とする自分自身の姿や社会の在り方を想像してみてください。その実現に向けて自分が何を創造して行くべきなのかを考えてみてください。あなたがいるからこそ、良くなる世界がそこにあります。

第2節　ゾウと目隠しした科学者が意味するもの

　ある高校で、次のページにある、ゾウとそれを触っている目隠しをした科学者の絵を見せて

川西：目隠しをしている科学者が象を触っています。おでこを触っている人は『象は岩のようなものだ』と、体を触っている人は『象は壁のようなものだ』と、鼻を触っている人は『象はヘビのようなものだ』と、しっぽを触っている人は『象はロープのようなものだ』と主張しています。このように、それぞれの科学者は、自分の触っている部分がゾウそのものであると言い張っていて、誰が正しいのか論争をして

> います。本当のゾウを理解するためには、科学者たちはどうしたらい
> いのでしょう？
>
> **生徒**：皆で集まって、情報を交換すればいいと思います。

　このように、自分の触っているものがゾウだと主張して、他の人たちが
間違っていると言い張る科学者たちが本当のゾウを理解するためにどうし
たらよいかを尋ねると、「皆で集まって情報を共有して、ゾウの全体像を
把握する」といった答えがよく出されます。今は情報化社会ですから、情
報収集が全ての理解の基本だと考えてしまうのかもしれませんね。しかし、
目隠しをした科学者たちが、本当のゾウを理解するためには、もっと良い
方法があります。もちろんベストの方法は、目隠しを取って、自分の目で
直接ゾウの全体を見るということです。自分の目で本当のゾウをしっかり
と見れば、自分が触っていたのはゾウの一部分で、ゾウにとってどんな意
味がある場所なのかも分かります。

でも、それだけではいけません。次にゾウにとって一番大切なものは何かを考えなければいけません。当たり前のことですが、ゾウはプラスチックモデルの様ないろんなパーツを組み立てたものではありません。一番大切なもの、それはゾウが生きているということです。ゾウの体の全ての部分は、ゾウの命を保つためにそれぞれの役割を果たしているに過ぎないのです。そして、一つの部分だけでは、生きることすらできないのです。

このやり取りの最後に、皆に伝えることがあります。

「このゾウの名前は、Society（社会）なんだよ」ということです。つまり、このゾウは社会の比喩で、ゾウが社会だとすると、ゾウの牙は「政治」、足は「文化」、鼻は「経済」、耳は「教育」に例えることができるかもしれません。そして、ゾウにとっての命は、社会の目的と言える「全ての人々を幸せにする」ということに例えられます。つまり、社会にある全ての局面（部分）が人々の幸せの実現のための大切な役割を担っているという考え方につながります。でも、現実の社会を見ると、目隠しをしている科学者のように、部分的な理解を全体像と勘違いして、協力を忘れて、偏った見方をぶつけ合っているようなことが多いのではないでしょうか。

子ども達の将来の環境を保証するために今必要な変化を起こすことを訴え続けているグレタ・トゥーンベリさんは、2019 年、ニューヨークで行われた国連主催の環境会議（気候行動サミット）で、経済的な利益のみを優先して、環境の保護をおろそかにしている各国政府のあり方を厳しく非難しています。人類の将来を偏りのない全体的な視点で捉えて、経済も環境も同様に大切な関心事として捉えられるべきだという主張だと考えられます。つまり、経済も環境もゾウの一部であり、保つべき「ゾウの命」である人々の幸福には、どちらも必要であるということです。変化という視点で見れば、際限のない経済活動を繰り返しても、環境が破壊されることはないと信じられていた時代に作り上げられた考え方や価値観を変えていかなければならない時代に生きているのだという主張と考えられます。同

じように、全ての子ども達や女性が教育を受ける権利を、命をかけて訴え続けているマララ・ユスフザイさんは、ある宗教や社会の中で信じられてきた男性・おとな優位の価値観や考え方に捉われることなく、全ての人たちが教育の機会を得ることが必要であり、そのことが社会全体の幸福につながると唱えています。つまり、ゾウの命に例えられている全ての人たちの幸せを実現するために、一人ひとりが必要な教育を受けられることの重要性を主張しています。

　また、わたしたちの受けている教育においても、専門化が進むにつれて、全てのことを自分の専門における知識や視点で判断してしまいがちになります。まずは、自分の目で全体を見て、自分がよく知っている部分の全体に対する役割を理解し、必要な変化を起こして行くことが大切ではないでしょうか。この問題に関しては、7章の教育に関するお話の中で一緒に考えようと思います。

　このゾウの比喩は、マララさんの主張にあるように、全ての人たちの努力で作り上げている社会という視点に立てば、あなたを含む全ての人々があなたの社会や世界を創り上げる重要な存在であるという理解にもつながります。まずは社会や世界を見つめ、自分の特性を生かして何ができるかを考えてみましょう。

第3節　USO という本当の話

　　　ある高校での授業で
川西：皆さんは今日、朝ごはんを食べてきましたか？
生徒：はい。
川西：何を食べましたか？
生徒：ご飯に味噌汁とソーセージと野菜です。
川西：食べたものは誰が作ったか知っていますか？

生徒：お母さんです。

川西：君のお母さんはすごいですね。お米を作ったり味噌を作ったりできるんですね。

生徒：いいえ、料理をしてくれただけで、お米や味噌は作れません。

川西：では、どこの誰がそのお米や味噌を作ったか知っていますか？

生徒：知りません。

川西：ということは、食べたものを作ってくれた人の名前も知らないわけですね。でも、その人たちのおかげで朝ごはんを食べられたわけですよね。

生徒：確かにそうです。

川西：他の皆さんに質問です。今、皆さんが持っているものなんでもいいですから、誰が作ってくれたものか分かるものがあったら、教えてください。

（誰も手をあげない。）

川西：そうですね。わたしたちの生活や命は、名前も知らない大切な人たちの努力によって支えられているんですね。

　わたしたちは、誰も自分一人で生きることはできません。なぜなら、わたしたちが生きていくために必要としているもののほとんど全てが他の人たちによって与えられているからです。このような人たちを社会学では "Significant Others (SO)"「大切な他人」と呼んでいます。これに当たるのは、わたしたちの周りを見渡せば、親やきょうだい、親戚や友人、同じ町に住んでいる人など、具体的に名前を知っているような近くにいる人たちが思い浮かびます。このような、わたしたちが、誰か分かっている大切な他人を、著者たちは "Known Significant Others (KSO)"「知っている大切な他人」と呼んでいます。KSO はわたしたちの身近にいて、わたしたちを直接にサポートしてくれます。特に励ましや安心といった精神的な

サポートは KSO によって与えられています。しかし、他の人たちによって支えられて生きている自分を理解するためには、身近な人たち以外の他の人たちに支えられていることも知っていなければなりません。なぜなら、自分の生活や命を支えるために必要なものはほとんど自分では作れないし、KSO が作ってくれているものも非常に限られているからです。着ている服、持っているペンやノートやスマートフォン、朝の食事など、わたしたちはたくさんのものを使用して生きていますが、それらを作ってくれた人の名前や居住地、特徴や能力など、何も知りません。どんなにお金持ちの人でも、お金を使って買えるものがなければ生きることはできません。世界のどこかに住んでいる名前も知らない人たちが作ってくれたものを「消費させてもらう」ことで、わたしたちは自分で生きているのではなく、生かしてもらっているのです。

　このように、わたしたちの生活は名前も知らない他の人たちによっても支えられています。これを、著者たちは、"USO（Unknown Significant Others)"、つまり、「名前も知らない大切な他人」と呼んでいます。

　多くの人たちは手に入れたものに価値をおきがちですが、そのものを作ってくれている USO に対する感謝の気持ちをもつことを忘れています。この USO によって支えられているという現実を理解すれば、他の人を人種、民族、文化、宗教、国籍、障がい、性別、性自認、性指向、年齢、学歴などのいわゆる社会的カテゴリーを最重要視して認知することが大きな過ちであることに気付きます。一人ひとりの能力の特性とその能力を他の人たちの生活や生命を支えていくために使おうとする貢献の心が人としての資質であるということにも、当然気付けるはずです。民族や人種、国籍に対して偏見を持っている人たち、ある種の宗教を受け入れない人たち、女性や非異性愛者に対して差別的な言動をする人たちでも、自分の生活を支えてくれているものを作ってくれたのが、実は自分が差別している人たちであるということも十分ありうることなのです。そんな人たちの作った

ものは使わないということはできません。それを選び出すことが不可能な
だけではなく、多くの大切なものが使えなくなりますから。特定の民族の
人たちに対して偏見を持って、国策としてかれらを締め出すことに躍起に
なっている政権担当者が昨今目立っていますが、そういう人でも、必ず何
らかの形で、自分たちが差別している人たちが作ってくれたものの恩恵を
受けて生かしてもらっているのです。

　今は、世界中のほとんど全ての人たちがこの USO のネットワークのお
かげで生きています。では、わたしたちと USO との関わりは単に支えて
もらっているということだけなのでしょうか。この質問を高校でしたとき
に、多くの生徒たちが「自分も USO の一員として、他の人たちの生活や
命を支えるための何かを作っていく」と答えました。USO のネットワー
クでは、全ての人たちが受給者であると同時に供給者でもあるわけです。
その意味では、わたしたち一人ひとりがとても大切な存在だと考えること
ができます。供給者としては、名も知らない受給者のために貢献している
自分に誇りを持ち、そして、受給者としては、名も知らない供給者への感
謝の気持ちをもつことができるようになります。

　USO に関して、もう一つとても大切なことがあります。それは、USO
における供給者は人だけではないということです。考えてみてください。
わたしたちがいろいろなものを作って、他の人たちの命や生活を支えてい
るとして、それらの材料は誰が作っているのでしょう。また、材料だけで
はなく、わたしたちの命に不可欠な空気や水、その他大切な自然環境は誰
が作ってくれているのでしょう。皆さんはもう気付かれたと思います。そ
うです、地球も大切な USO なのです。わたしたちは USO としての人間
に対してだけではなく、地球の自然環境に対しても感謝する必要があるの
です。

　また、USO がもたらすのは、目に見える物だけに留まりません。相
手への思いやりや愛情など、目に見えないものも含まれます。皆さんは

USO の中で、どのような能力を活用して、どのような貢献をしたいと考えていますか。

第4節　ロジカルに考えること

　ここまで、変化を捉える考え方と全体を捉える考え方、そして全ての人たちをつなげる USO の重要性について見てきました。この節では、わたしたちの生き方や考え方、行動の仕方を大きく改善することに役に立つ、ロジカル（logical）思考について考えてみたいと思います。ロジカルに考えるということは、簡単にいえば、いろいろな考えの中につながりや関連性を見つけるということです。しかし、それは A と B が関連しているということを見つけることだけではなく、どのように関連しているかを理解することを意味しています。

　原因と結果という関連性が全てのことに存在しているということは、皆さん分かっていると思います。ことの重大さの大小を問わず、起こったことの全ては、何かに起因しています。例えば、試験の点数が低かった時には、「勉強を十分にしなかった」「授業の内容が理解できていなかった」「試験の準備中に友達が遊びに来た」と、いろいろな原因を考えます。同じミスをしないようにと考えるなら、次回はそれらの原因が生じないように努力や工夫をするはずです。これがロジカル思考の基本型です。

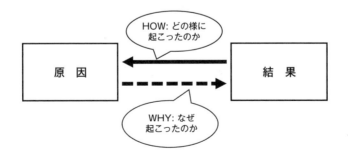

　例えば、自分のクラスにいじめの問題があるとします。ある生徒が、他の生徒より少し太っているという理由でいじめられて悲しい思いをしているとしたら、あなたは何が原因だと考えますか。その生徒が太っていることが原因でしょうか。その人が痩せれば問題が解決するのでしょうか。それとも、メディアが痩せていることが良いことだと吹聴していることで、皆が体型に関して固定観念を持ってしまったことが原因でしょうか。メディアが報道の内容を変えれば問題が解決するのでしょうか。それらは、表面的な対処法です。問題はもっと根深いところにあるはずです。

　ロジカル思考を深く使用することによって、原因と思われるものも他の原因によって引き起こされた「結果（問題）」であることが理解できて、根本的な原因が何なのかを突き止めることができます。いじめの問題なら、人を差別することがなくなれば解消すると考えられますから、どうやって差別を克服するかというところに根本的な解決策があると考えられます。下の図の様な、根本的な原因を追求してより深く思考してゆくロジカル思考を、著者たちは逆行型ロジカル思考と呼んでいます。

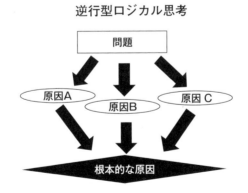

　ロジカル思考にはもう一つの使用方法があります。現状を放置すれば、それが原因となって、今後どのような問題が起こるかを考える時に使いま

す。例えば、いじめを放置しておけば、自殺や登校拒否が増え、学校を嫌な場所だと感じる子どもたちが増え、皆と協力して生きる社会性を学ぶという教育の重要な目的の一つが損なわれてしまうことになるかもしれません。著者たちはこれを積み上げ型ロジカル思考と呼んでいます。

積み上げ型ロジカル思考

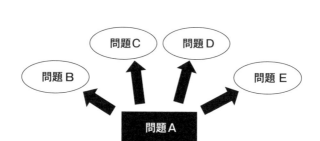

　これは、原因を見つけて解決策を図るというよりも、現状をこのまま放置すれば、新しい問題が次々と起こるということを理解することで、逆行型ロジカル思考への取り組みをうながす思考と言えます。上の例にならうと、いじめの放置が問題A、自殺や登校拒否などは問題B、C、Dなどということになります。

　今、皆さんはどんな問題を抱えていますか。まずは、積み上げ型ロジカル思考を使って、解決に向けて何もしなければどのような新しい問題につながるかを考えて、それを阻止するためにも、今の問題の根本的な原因は何なのかを逆行型ロジカル思考を使って考えてみてください。

第5節　自分の持っている基準とクリティカル思考

元山：何が見えますか？

生徒：骸骨！

生徒：鏡の前に座っている女性！

生徒：美しい女の人！

生徒：椅子！

元山：骸骨、女性、椅子など色んな意見がでましたね。では、その中で誰が正しいか決めましょう！　と私が言ったらどうしますか？

生徒：ん〜、骸骨？

生徒：全員正しい！

生徒：見る場所によって違う！

元山：そうですよね。皆正しいのです。

「All is Vanity」（チャールズ・アラン・ギルバート、1892）

遠くから見れば、骸骨に見えるかもしれませんし、近くから見ていれば、女性が目に入ってくるかもしれません。それ以外に、椅子やろうそくに目がいくかもしれません。人によって同じ物事でも見方や見え方が異なるのです。それを、自分の見ているものが正しくて、他の人が見えているものが正しくないと判断してもいいものなのでしょうか。

　同じものや状況を見ているのに、自分と他の人とでは意見が異なるという経験をしたことがある人は多いのではないでしょうか。そして、異なる意見の中で「自分の意見が正しくて、他の人の意見は正しくない」と判断してしまったことはないでしょうか。上の例の生徒のように、「誰が正しいか」と問われた時、自分が見ていたものを「正しい」と認識し、主張してしまうことはあります。しかし、どう見えるかは人によって様々です。

　では同じ物でも、なぜ人によって見え方が異なるのでしょうか。それは、わたしたち一人ひとりが、ある物・人・出来事に対する見方やどのように考えるかという自分なりの基準を持っているからなのです。そしてその基

準が人それぞれ異なるのは、育った環境、自身の体験、過去に習得してきた知識やそれに対する関心などが異なるためです。そういった基準をもとに、わたしたちは「見たいものを見て」、「見たくないものは見ない」と（無意識に）判断しているのです。その基準をもとに、人や物事を否定的に見ることを「バイアス」（偏見）と言います。偏見に関する研究の第一人者と言われる心理学者のゴードン・オルポートは、偏見について十分な根拠もなく他の人に対して嫌悪や敵意など悪く考えること、だとしています。この本では、物・人・出来事に対して否定的な感情や見方をバイアス（偏見）とします。

> **元山**：ある日、父親とその息子が事故にあってしまいました。その息子が病院に運ばれて、いざ手術を受けようとした時、医者が言いました。
>
> 「手術はできません。この患者は私の息子です」
>
> 　さて、息子とこの医者の関係性はなんでしょう（注：身内の手術は感情的な理由から行わないことを前提とした場合）。
>
> **生徒**：………。
>
> **元山**：そんな複雑に考えないでくださいね。一つ目の答えは、もちろん、この医者はこの息子の母親であるということです。
>
> **生徒**：あぁ、なるほど。
>
> **元山**：可能性がある答えとして、もう一つあるのですが分かる人はいますか？　もう一つの答えは、この医者はこの息子のもう一人の父親であるということです。
>
> 　なぜ、そういった答えを導き出すのが難しかったのでしょうか。皆さんは、「医者」という職業に対して、どのようなイメージを持っていたのでしょう。
>
> **生徒**：男の人だと思い込んでいた。

> **元山**：では、家族に対してはどのようなイメージだったのでしょう。

　上の例は、いろいろなケースが考えられると思います。わたしたちが知らず知らずの間に、「女らしさ」や「男らしさ」に代表されるように、性別によって一定の価値観（ジェンダー観）を持って、性別と職業などを結びつけているからだと言えます。ある属性に対する一般化や単純化された見方を、「ステレオタイプ」といいます。これは、ウォルター・リップマンが命名して、相手を即座に判断するために使用される固定化されたイメージだと説明しています。この例以外でも、いろいろな職業について、その職業から受ける性別のイメージを言ってもらうこともあります（医者は男性、看護師は女性といったように）。他にも、いろいろな形容詞を提示して、それはどの性別を表す言葉かを尋ねることもあります（「美しい」は女性、「かっこいい」は男性といったように）。こういった例を通して、ステレオタイプの存在に気付いてもらうのです。

　しかし、ステレオタイプが相手を評価するための基準として使われ、否定的な感情や見方をすれば、それはバイアスと言えます。先の例では、「家族の形はこうあるべきだ」という家族に関するステレオタイプ（家族観）が反映されていたことも分かります。私が授業で、「この医者はこの息子のもう一人の父親である」というと、「そんなのありえないよ」と笑いが起こることがあります。「ありえない」と笑いが起こること自体が、無自覚なバイアスの存在を証明しているのではないでしょうか。なぜなら、その笑いの背景には、ある一定の「望まれる家族のかたち」が想定され、そこに価値が置かれ、基準とされているからこそ、それ以外の選択が「おかしい」という論理があるからです。ここで想定されている「望まれる家族のかたち」は、「男女とその子どもから成るもの」だと言えるでしょう。この論理で、同性カップルによる家族の在り方を「おかしい」と否定的に見ているとしたら、それはバイアスだと言えます。その後に、生徒たちに「同

性カップルとその子どもといった家族の在り方はすでに存在しています。日本は、法律的には同性同士の結婚が認められていませんが、子どもを一緒に育てている同性カップルもいますよ」と伝えると、「そうだったのか」という反応をします。

　時代によって、ジェンダー観や家族の在り方などは変化し続け、多様化しています。しかし、昔から信じられている考え方や価値観、習慣に根付く固定的な価値観やイメージ（ステレオタイプ）は、わたしたちが気付かないだけで、今もたくさん存在しています。そして、知らないあいだに、それを「ふつう」だと信じ込んでしまい、その「ふつう」に当てはまらない在り方に対して「おかしい」といった考え（バイアス）に至るのです。多様な考え方や生き方があることを受け容れ、それに触れ、柔軟に受け止めることが、バイアスを低減させることにもつながると言えます。

「自分はバイアスを持っていない」と思っている人がいるかもしれません。しかし、そう考えた時点で、バイアスを持っていることを認めずに、知らない間にバイアスを持って人と接することになるのではないでしょうか。バイアスは差別に向かう準備段階であると言われています。社会心理学の研究では、こういった無自覚なバイアスが差別として行動に現れたとしても、自分が差別していることには無自覚で、そういう人は自分のことを平等主義的だと信じ込み、差別される側に同情的で、被差別者に対して行為や同情を積極的に示そうとする傾向がある、と指摘されています。つまり、バイアスを持っていないと言った時点で、無自覚なバイアスやそれを基準とした差別的な言動はなかったことにされ、正当化されてしまう危険性があると言えます。まずは、自分がバイアスを持っているだろうと認識し、そして、新しい価値観や考え方に触れた時に、柔軟に取り入れ、できるだけバイアスを持たないように気を付けるということが大切なのではないでしょうか。

　バイアスを低減させるために、クリティカル（critical）思考を使うこ

とも大切です。クリティカル思考とは、これまで信じられていること、一般的に皆が疑いもなく信じていること、自分が信じていることなどが本当に正しいのかと問う力のことです。別の言い方をすれば、わたしたちが使っている判断基準が本当にいつも「正しい」のかを問う力です。正しいか正しくないかの判断をする時、「ふつうは○○だから」というせりふをよく耳にしますが、そもそも「ふつう」とはなんなのでしょう。誰が決めているのでしょう。誰にとっての「ふつう」なのでしょう。

　クリティカル思考が日本語に訳された時、「批判的思考」と訳されましたが、クリティカル思考を使うことは、クレームを言うこととは同じではありません。批判と聞くと、否定的な内容の評価であるというイメージがありますが、クリティカルは、人々が「ふつう」だと決めつけてしまったり、「皆言っているから正しい」とされたりする事柄やそれを判断する基準を、客観的・論理的に考え判断を下すことです。もっと分かりやすく言えば、一見「あたりまえ」「ふつう」「正しい」とされる考え方や「常識」とされる事柄を、「本当にそうなの?」「なんで?」と問う力がクリティカル思考です。クリティカル思考を使う際には、前の節で話したロジカル思考と一緒に使う必要があります。

『結婚は幸せを運んでくる』
《ケース１》

元山：上のようなこと、聞いたことないですか?

生徒：ある!

元山：では、「結婚は幸せを運ぶ」って本当にそうでしょうか?

生徒：そう思う。

元山：なぜそう思いますか?

生徒：だって、うちの親とか見ていたら幸せそう。

元山：それは素晴らしいね。では、全ての人に当てはまると思う?

では、なぜ社会ではこれだけ離婚率が高くなっているんでしょう?

《ケース2》

元山:上のようなこと、聞いたことないですか?

生徒:ある!

元山:では、「結婚は幸せを運ぶ」って本当にそうでしょうか?

生徒:(苦笑いしながら)いや〜、時と場合によるかな。

元山:どういう意味?

生徒:結婚しても、仲が悪かったり、喧嘩ばっかりしていたら幸せじゃ
ないから。

生徒:好きな人と結婚してなかったら幸せじゃない。

　上の例は、たくさんあるうちの一例です。他にも、社会で一般的に信じ
られているような事柄の中には次のような考えもあるのではないでしょう
か。

- 金持ちは幸せである
- 女性は子どもを産むので家事に向いている
- 結婚は男女間で成り立つべきだ。なぜなら子どもをもつことができる
　ためである
- 科学技術はどんな問題も解決できる

　社会では、いろいろ考え方があり、その中でも「ふつう」とされて、多
くの人に支持される考え方があります。時にその「ふつう」は、文化や伝
統として言い伝えられたり、メディアとを通して強調されたり、法律で正
当化されたりして、気付かないことが多いかもしれません。しかし、そう
いった、「ふつう」に、「ん?　本当にそうなのかな」と問うてみることが
クリティカル思考の一歩です。そこから、「ふつうって誰が言ったの?」
とか、「そのふつうに当てはまらない人はいないのかな」といったように、

それらの考え方に潜んでいる問題点や、それに当てはまらない人や状況がないかを探してみましょう。

　自分が持っているバイアスに気付かないまま、自分とは異なった価値観や考え方をする人と交流しようとすると、差別的な言動につながる可能性があります。差別は人々を引き離し、不幸せを増幅させます。差別がどのように起きるかについては後でじっくりと説明しますが、差別の引き金であるバイアスをもたらした「ふつう」を、クリティカル思考を使って見直し、自分の中や社会にあるあらゆるバイアスをできるだけ減らすことで、自分も相手も気持ちよく付き合うことができます。特に今は、情報化社会でインターネットをはじめとしてテクノロジーの発展が目まぐるしく、誰かとつながることが以前よりももっと容易な時代です。それは、いろいろな背景や文化、価値観を持った人との交流が可能であることを指します。またそれは、「自分はそんな人たちと触れ合う気もない」と思っていても、避けることができない状況であることも意味します。だからこそ、他の人と円滑な交流をすることが皆さんにとっても、他の人にとっても、より多くの幸福を生むことにつながるはずです。

　皆さんは自分のもつバイアスを認識していますか。自分のバイアスに気付いた時、自分を変えられますか。

第6節 「差異」ではなく 「相違」

元山：この右の絵を見てください。これは、1915 年頃にデンマークの心理学者エドガー・ルビンが考案した「ルビンの壺」という有名な絵です。何が見えますか？
生徒：顔二つ！

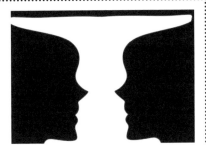

生徒：白い部分の壺みたいなトロフィー！

元山：そうですね。黒い部分をよく見ると、顔が二つ見えますね。一方、白い部分をよく見てみると、壺みたいなものが見えますよね。では、私が白い部分を黒く塗り潰したら何が見えますか？

生徒：（笑いながら）何も見えない。

元山：では、逆に黒い部分を白く塗り潰したらどうなりますか？

生徒：同じように何も見えない。

元山：そうですね。つまり、黒い二つの顔が存在するためには、白い壺が必要で、白い壺が存在するためには、黒い二つの顔が必要だということですよね。

生徒：（うなずく。）

元山：これは、人間の関係についても同じなのです。

　あるものを認識するためには、他のものと「違う」と認識することが必要です。自分が何者かを知るためには、他の人と「違う」ことを自分自身の特徴と認識することで可能となります。「自分が何者か」は、「アイデンティティ（identity）」という言葉で表現されますが、簡単に言えば「自分らしさ」ということです。自分らしさを認識するためには、他の人と「違う」ということが大切なのです。

元山：では、人と違うといった時、具体的にはどういったことが人と異なるのでしょうか。どんな違いのリストができたか教えてください。

生徒：目の色、体型、性別、肌の色、国籍、セクシュアリティ（性指向や性自認）、文化、言語、宗教、性格、話し方、趣味、職業、血液型、性格、考え方や価値観。

元山：他にはありませんか？　例えば、得意としていることやその人がもっている能力は皆同じでしょうか。

生徒：違う。

　上の会話から、わたしたちの違いは、どのようなグループに属している
かを表す「社会的カテゴリー」と、その人の能力や人格の二つの要素の組
み合わせだと言えます。社会的カテゴリーの例をあげてみましょう。肌の
色や目の色で区別される「人種」や、文化や言語で区別されるのは「民族性」
です。他にも、どの国に属しているかを表す「国籍」があります。「性自
認」もそうです。性自認は自身の性別をどのように認識しているかを表す
社会的カテゴリーの一種です。「性別」には女性・男性だけではなく、女
性でも男性でもない、あるいは女性でも男性でもあるなど多様化していま
す。「性指向」は誰を恋愛対象とするかを表しますが、例えば恋愛対象が
異性に向いている人は異性愛者（ヘテロセクシュアル）、同性に向いてい
る人は同性愛者（レズビアンやゲイ）、両性に向いている人は両性愛者（バ
イセクシュアル）と分類されるので、社会的カテゴリーの一種です。職種
は仕事の分類なので社会的カテゴリーです。社会的カテゴリーで認識され
るということは、一定の特徴をもつ人を分類し、そのカテゴリーに属す一
人としてまとめて捉えるということです。一方、能力や人格や性格はその
個人に、より焦点を当てたものだと言えるのではないでしょうか（人格と
性格の違いは後で説明します）。この本でいう「能力」とは、資本主義社
会で言われるお金を生むために使われる力に限らず、その個人ができるこ

とや得意としていること、と定義しています。わたしたち全ての人のアイデンティティはこの二つの異なる部分が組み合わさることで形成されているのです。

　アイデンティティに関しては、後ほどさらに詳しく説明しますが、ここでは人と「異なる」ということに関して一緒に考えていきたいと思います。「異なる」ということを説明する二つの熟語が日本には存在します。「差異」と「相違」です。

「差異」とは、何かの基準に照らし合わせながら物事や人を比較し、それらを「異なる」と判断することです。「差」という漢字に表れているように、ある物事を基準として、そこからできる差を「異なる」と判断しているのです。英語でも"different（異なる）"は"from（〜から）"と一緒に使われることが多く、比較をして「〜から異なる」と、その違いを認識しているのが分かります。では、そこで使われている基準はどんなものがあるのでしょう。それは、前述したように、自分の価値観、社会にある「常識」と言われる考え方が基準となっているのではないでしょうか。言い換えれば、「基準」が社会の「ふつう」と見なされた場合、そこから差異があると認識された人たちは、どうなるのでしょうか。「ふつうではない」と認識された場合は、排除や除外の対象となるのではないでしょうか。すでに気付いている人もいると思いますが、「差異」で人を認識するということは、ステレオタイプやバイアスが邪魔をして、物事や人々を分断してしまう結果を生みかねないのです。序章では皆さんに「自分のことを好きですか」と尋ねました。講演や授業の時にも「自分のことを好きな人は手を上げて」と生徒に尋ねます。しかし多くの場合はすぐには手が挙がりません。その理由として生徒があげるのは「人と比べて自分を下に見ているから」ということです。まさに、自分と他の人が異なっていることを「差異」として認識して、劣等感を持った結果、「そんな自分を好きにはなれない」という結論に至っていたと理解できます。

　一方で「相違」とは、在るものを在るがまま受け入れるということです。そこには、「差異」で見たような基準や比較、排除や除外は、本来は生じないはずです。英語では、"variety" という言葉がこれにあたります。「相違」は異なっているという事実を受け容れるということなのです。しかし、「相違」の論理では、そもそも良いか悪いかなどの判断はする必要がなく、ただ異なるという事実がそこにあるだけなのが分かります。

　日本は、島国であることや一つの民族の人口が大多数を占めているという理由から、同質性に価値を置くと考えられています。同質性が重んじられる社会では、自分のアイデンティティをグループの一員として認識する傾向にあると言われています。そんな社会では、他の人と同じであろうとする行動が「和」を保つ行動として認識されています。和を乱す人は、人に迷惑をかける人という認識にもつながります。つまり、日本社会では、人と「異なる」ということが、より否定的な意味として捉えられることがあるということです。もし、皆さんの中に、人と「異なる」ことを否定的に捉えていた人がいたとしたら、そういった理由からかもしれません。

　しかし、全ての人は、「異なる」特徴の組み合わせを持っています。果たして、「異なる」ことは否定的に捉えるようなことなのでしょうか。「差異」として捉えれば、人々との間に不毛な比較や競争を生み、偏見や排除を生みかねません。しかし、自分も他の人も差異ではなく「相違」があるだけだと認識することで、「出る杭は打たれる」のではなく、自分らしさを肯定的に捉えることができるのではないでしょうか。

　「私と小鳥と鈴と」という詩を書いた金子みすゞさんは、「私」にできることと、「小鳥」にできること、「鈴」にできることは異なるけれど、「みんなちがって、みんないい」という風に言っています。これが、自分も相手も「相違」として捉えるということなのではないでしょうか。

　皆さんは、自分の「自分らしさ」を分かっていますか。社会的カテゴリーだけではなく、自分ができることや得意としていることも「自分らしさ」

につながることを忘れないでください。なりたい自分を想像して、それに向けて「自分らしさ」を創造していってください。人と異なることは決して悪いことではありません。

第 2 章

「幸せ」とはなんだろう

　この章では、「幸せ」について一緒に考えていきたいと思います。皆さんはどういうことに幸せを感じますか。「幸せ」の在り方は一つなのでしょうか、それとも、人によって異なるものなのでしょうか。「幸せ」はどのようにして達成することができるのでしょうか。さらに、前の章でお話したUSO（名前も知らない大切な他人）を踏まえると、わたしたち一人ひとりにとっての「幸せ」は、他の人とどのようにつながっているのでしょうか。

　それらの問いへの解が、皆さんが自分にとっての「幸せ」を見つけ、つかみ取るための、お役に立つことができればうれしいです。

第1節　「幸せ」の達成方法

> **元山**：皆さんは今、生きていますよね？　では、わたしたちは何のために生きているのでしょうか。わたしたちの生きる目的とはなんなのでしょうか。皆さんは生きている間にどういうことを達成したいって思いますか？
>
> **生徒**：いい仕事につくこと！
>
> **生徒**：成功！
>
> **生徒**：夢を叶えるために、目標を達成して、満足感を得ること！
>
> **生徒**：幸せ！
>
> **元山**：そうですね。いい仕事についたり、成功できたり、夢をかなえられたり、目標を達成できたり、いろいろなことを達成したいと思っていると思いますが、それは、わたしたちが幸せになるためだからではないでしょうか。

　上のようなやりとりをした後、「確かに、幸せになるために生きているんだな」といった反応が返ってきます。そして、その後に必ず聞くこと

があります。それは、「あなたは幸せになりたいですか」ということです。幸せになりたいと思う人に手を挙げてもらうと、すぐに挙がるのはクラスの半分程度です。躊躇しながら挙げる生徒もいます。もしそこに、「自分なんか幸せになれない」という思いがあったとしたら、もっと自分のことを愛して大切にしてほしいと伝えます。

　ある高校1年生を対象に特別授業をした時のことです。「今日はわたしたちが生きることについて一緒に考えましょう」と始めて、幸せの話をしました。幸せになりたいかと尋ねたところ、ほとんど手が挙がらず、逆にクスクスと笑い声が聞こえてきました。それは、「真面目な顔で何の話なの。恥ずかしい」といった反応だったように思います。そんな高校生たちに私が伝えたのは、全ての人が「幸せ」になるべきであり、そこに例外はないということ。そして、「幸せになりたい」という思いは、自分の幸せを見つける上で重要な思いであり、わたしたち一人ひとりが生きていく意欲の表れであり、自分の幸せについて真剣に考えることは恥ずかしくない、ということです。

　では、幸せになるために生きているとしたら、幸せとはなんなのでしょうか。皆さんは、どのような時やことに幸せに感じますか。これまで高校生が出した答えには、いい大学に入れた時、大切な友達といる時、家族と時間を過ごしている時、夢が叶った時、お金持ち、好きな人といる時、自由、好きな仕事に就けた時、誰かのために何かできた時、などいろいろな意見がでてきました。そこで、その中で共通している条件がないかを話し合ってもらいます。ある条件が満たされた時に幸せに感じることができるのですが、それは何だと思いますか。なかなか答えがでないことが多いので、次のたとえ話をします。

> **元山**：例えば、皆が昨日の晩ご飯を抜いていて、朝ご飯も忙しくて食べられなくて、お昼も食べられなくて、夜になってしまったとします。

皆はどういう気持ちですか。

生徒：お腹ペコペコ。

元山：そこで、私が一つずつおにぎりをあげたとします。皆はどう感じる？

生徒：幸せ！

　つまり幸せとは、自分が認識した問題が解決した時に生じる感情と言えます。「ある条件」とは、問題が解決した時、ということになります。『名鏡国語辞典』（第二版）によると、「幸せ」とは、「心が満ち足りていること」となっています。問題が解決した時、心が満ち足り、その結果幸せに感じるということなのではないでしょうか。

　白米アレルギーや他の事情でお米を食べられないという人もいるかもしれませんが、おにぎりは単なる例です。幸せの定義に当てはめて考えてみるとこうなります。お腹がペコペコというあなたの「問題」が、おにぎりによって解決できたために幸せに感じたということです。高校生が答えたように、いい大学に入る、家族や友達、好きな人と一緒にいる、お金が手に入る、これらは、現状手に入っていないから「問題」だと認識されていると言えます。人と一緒にいることで幸せに感じるというのは、一緒にいない時の寂しさや孤独感を「問題」だとその人が（意識的か無意識的かに）認識しているからだと言えます。上のやりとりには続きがあります。

元山：じゃぁ、次の日、皆は３食しっかり食べて、今はお腹がいっぱいの状態だったとします。でも私は、おにぎりが皆を幸せにするんだと思って、またおにぎりを持ってきて、皆にあげると言いました。皆は幸せに感じる？

生徒：（苦笑いしながら）ん〜、感じない。だって、お腹いっぱい。

生徒：もっと豪華な食べ物だったら。

元山：じゃぁお腹がいっぱいになったら、次は皆どうしたい？

生徒：昼寝！

　このやり取りから分かることは、一日目に抱えていた、お腹がペコペコという「問題」を二日目は抱えていなかったということです。一日目は、お腹が空きすぎていたので、自分好みの具が入っているから幸せだとか、味覚や見た目を重視するよりも、物理的にお腹を満たすことが優先されています。しかし、二日目はお腹がいっぱいなので、味覚や見た目が重視され、物理的よりも精神的な充実感を優先するので、「もっと豪華な食べ物だったら」幸せに感じると言ったのではないでしょうか。味覚や見た目は、お腹が空いているという生理的な欲求だけではなく、こんなおいしいものが食べられる、もしくは、こんなきれいなものが食べられるという精神的な欲求も満たされるでしょう。

　昼食後の授業では、眠そうにしている生徒も多いので、「皆お腹がすいたという問題が解決して幸せだよね。じゃぁ、今は何ができれば幸せに感じる？」と聞くと、「昼寝」と答えます。つまり、お腹が満たされた後は、眠い（しかし寝られない）という、次なる「問題」を認識しているのです。ここから分かるのは、わたしたちは次々と自分が抱える問題を認識していき、それを解決することを繰り返し、永続的に幸せを追求していくのです。問題解決の状態がずっと続けば、その幸せは続きます。しかし、自分が認識する問題は一つではなく、日々感じる日常的な問題から人生を変えるくらい大きな問題まであらゆる問題があります。だからこそ、「幸せになりたい」という思いは、わたしたちが生きていく意欲の表れなのです。そして、そう胸を張って言うことは、自分と自分の「問題」に向き合うことであり、幸せになるための第一歩です。そのためにも、自分のことを知り、ありのままの自分を受け容れ、大切にしてほしいと思います。それが、序章に出てきた"Love Yourself"ということなのです。

第2節　人それぞれの「幸せ」と自分の「幸せ」

「幸せ」について考える時、大切なことが三つあります。

　一つ目は、幸せになるための手段と、幸せそのものは異なるということです。前に、どのような時やことに幸せに感じるかについていろいろな意見が出たことを紹介しました。その中でも、必ず出てくるのが、「お金」という言葉です。話を聞いてみると、「お金があったら、自分が望むものが手に入る」だとか、「お金があったら、親を旅行に連れて行ってあげる」といった話がでてきます。しかし、お金は単なる手段であって、手段を持っているだけでは幸せにはなりません。その手段を使って自分が抱えている「問題」を解決することで幸せを感じることができるからです。手段を獲得することが最終目的でもなければ、手段自体が幸せを意味するわけでもありません。先ほどの例では、「おにぎり」が手段なのです。つまり、大切なのは、手段を使ってどのように問題を解決するかということです。

　お金を例にあげて説明をしましたが、気を付けてほしいことがあります。物質的な欲を満たすことには、終わりがありません。自分が物質的に欲しいものを持っていないというのは、本当に「問題」なのか問う必要があります。社会では「よりたくさんあった方がよい」「より新しいものをもつことがよい」といった考え方が蔓延し、次から次へと新しいものが大量に生産され、人々も消費し続けてきました。その中には、資源を無駄にし、よく考えてみると必要のないものも含まれているのではないでしょうか。終わりのない物質的な欲は、完全に満たされることはありません。「幸せ」を考える時、量に捉われるのではなく、質にこだわることも大切なのかもしれません。精神的に満たされることも質にこだわった結果と言えます。

　二つ目は、置かれている状況をどう認識しているかによって、その人の

抱える「問題」は異なるということです。先ほどのおにぎりの例だと、一日目と二日目ではすでに状況が変わっていたので、二日目のおにぎりは問題解決の手段にはならず、幸せを感じなかったわけです。全ての人の置かれている状況は様々で、人によって認識する「問題」は異なり、それを解決する「手段」も人それぞれです。つまり、人の数だけ「幸せ」の数があります。決して自分の「幸せ」を他の人に押し付けたり、自分の「幸せ」を基準にして人の「幸せ」を判断したりしてはいけません。1章でバイアスについて述べました。自分の価値観を基準として他の人たちの価値観を見て、比較して、優劣をつけるのは差別にもつながりかねませんし、不必要な競争を生みかねません。誰かを蹴落とさないと自分の幸せが達成できないとすれば、それは後で詳しくお話する競争の原理に身を置きすぎているのかもしれません。誰かと比較（横軸の比較）して自分の幸せを測るのではなく、過去の自分と比較（縦軸の比較）して、自分が抱える問題を認識し、解決していくことで、競争の原理から解放され、より多くの人がそれぞれの幸せを達成できると思います。あなたにとっての「幸せ」はあなたが決めることであり、他の人の「幸せ」はその人たちが決めることです。だから、おにぎりは必要とする人に与えられることによって、その人の幸せにつながり、それ以外の手段を必要とする人にはそれに応じて与えるということが大切です。しかし、おにぎりを必要としている人がただただおにぎりを与えてもらうことを待っていても、問題を解決することはできません。自分から行動することも大切です。だからこそ、「幸せになりたい」と強く思うことが、その人を突き動かし、問題解決に向けて積極的かつ能動的に行動を起こしていけるのだと思います。

　三つ目は、二つ目と大きく関連していますが、自分が認識した問題が解決されないと幸せを感じないということです。つまり、他の人から「これがあなたの問題だよ」と言われただけで自覚のない問題は、その問題をたとえ解決したからといって、あなたに真の幸せが訪れるとは限りませ

ん。なぜなら、それはあなたの問題ではないからです。他の人に言われる
と「あ、そうかこれが自分の問題なのか」と納得しがちですが、それが自
分の真の問題と異なると、例えその問題が解決して幸せになったとしても、
それは自分の幸せを他の人に決めてもらっていることと同じではないで
しょうか。それでは本当の意味で、あなたの幸せは達成されません。だか
らこそ、あなたが自分で認識した問題を解決して、幸せを感じるべきなの
です。もちろん、人から指摘されて初めて、自分の「問題」を認識するこ
ともあると思います。人の意見を聞く柔軟性は必要ですが、それを聞き入
れるか入れないかを決めるのはあなた自身であり、その決断をする前に自
分の心と対話することが必要なのです。

　一つの例を見てみましょう。もしあなたに今、恋人がいないとしましょ
う。自分の周りの人たちには恋人がいます。周りからは、「なぜ恋人を作
らないの」と言われ、いないことが問題のように扱われ、自分でも、恋人
がいないことが「問題」のような気がしてきます。そういう時に、誰かに
告白され、その相手に好意や信頼感は抱いてはいませんが、付き合ってみ
ることにします。もしあなたが、「恋人がいない」ということを「問題」
と認識していれば、その問題は「恋人」という手段によって解決されるの
で幸せを感じるかもしれません。でももし、あなたが本当は恋人を欲しい
とは思っていない場合、恋人がいないことではなく、皆が持っているもの
を持っていない、つまり、他の人と違うこと（差異と認識していること）
を「問題」と認識しているのかもしれません。その場合、（自分が必要と
していない）恋人と付き合うことがあなたの本当の幸せかを、自分の心に
聞いてみる必要があります。

　2019年頃、テレビで若者（中学生から高校生）と性に関して取り上げ
る番組を見ました。若者たちは、恋人の有無や性経験の有無などを聞かれ
ていました。恋人がいないと答えた人は、恋人を作らないといけないとい
うプレッシャーを感じ、恋人がいると答えた人は、恋人とのキスや性行為

をしたくないけれど、しないといけないと思っていました。このような考え方は、2019年の若者に限った話ではなく、私（元山）が中・高生の時（今から20年近く前）にも共有されていた考え方でした。この例は、周りの皆がやっていることをしていない（持っているものを持っていない）、もしくは、できないことを「問題」だと決めず、自分は何を求めているのだろうと自問自答した上で決めることの大切さを教えてくれているのではないでしょうか。

　他にも、私が以前行った、レズビアン、ゲイやバイセクシュアルを含む非異性愛者への聞き取り調査では、周りのプレッシャーによって、自分が望まない恋愛を多くの人が経験していました。誰を恋愛対象とするかを表す「性指向」が同性に向いていると認識するのは10代の思春期の頃だと答えた人が多くいました。周りの友人は、異性の好きな芸能人や、好きな人や恋人ができた話で盛り上がる中、自分に話題がふられて「興味がない」と答えると、おかしいというレッテルを貼られるので、好きでもない異性と付き合ったり、適当な芸能人を見つけて話を合わせたりするのですが、それを苦痛だと答える人がほとんどでした。最近では、多様な性に関する理解度が特に若者の中では上がっているとは思います。それでも、非異性愛者の中には、自分の本当の幸せは、同性の好きな相手と恋愛して結ばれることであるにも関わらず、自分の性指向を肯定的に受け容れられず、人にも相談できず、公表したとしても祝福してもらえないため、本当の自分を偽って生きざるを得ず、苦しむ人たちは未だにたくさんいます。これは、周りが「幸せ」のあり方を押しつけた結果、ある人の「不幸せ」を生んでしまっていることが分かる例だと言えます。自分の心に嘘をつかせるような社会ではなく、恋愛対象の性別でその人が「ふつう」かどうかを決めない社会づくりが求められています。

　近年では、恋愛に対する価値観は大きく変化し、恋愛に積極的でない若者が増えているとの指摘もあります（牛窪恵著、2015年、『恋愛しない若

50

者たち　コンビニ化する性とコスパ化する結婚』)。恋人を欲しいと思う人の割合が減少し、そのために恋愛をしていることを周囲に打ち明けづらいといった状況もあるそうですが、いずれにしても、「異性との恋愛」「恋人がいること」「恋愛をしないこと」など、その時代の「ふつう」が、親、友達、学校、メディア、社会、世間など自分以外の周りの人たちを通して、一般的な幸せのあり方として押し付けられるケースは多いのではないでしょうか。しかし、こういった「ふつう」が、ステレオタイプに基づいたものである可能性も疑う必要があるでしょう。自分で問題を認識する必要性と、「幸せ」の押しつけが不幸を生むことは恋愛に限った話ではありません。大学進学や就職、結婚など、まだまだ「ふつう」と言われるような状況があるように思いますが、それらは問題を解決するための、つまり、幸せを得るための手段でしかありません。そして、人はそれぞれ認識する問題が異なるように、「幸せ」を獲得するために使われる手段もまた、人それぞれなのです。

　では、わたしたちはそういった周りからの押しつけにどのように対処していけばよいのでしょうか。著者の二人が提案したいのは、まず「幸せになりたいですか」という質問に胸をはって「はい」と答えられる自分づくりをすることです。その気持ちを強く持ち、「自分は幸せになるに値する」と自分を認め、愛し、大切にしてほしいと思うからです。そして、自分の心の声に耳を傾ける練習をしてほしいと思います。自分の心の声を聞いてあげるということは、「女・男だから」「長女・長男だから」「障がいがあるから」「太っているから」「かわいくないから・かっこよくないから」「親が望むから」「一般的にはこれがふつうだから」などと言ったノイズ（騒音）に耳をふさぎ、時に、そういったノイズに対して「NO！」ということでもあります。自分の心の声を聞いてあげられるのは、自分自身だけです。自分の選択を尊重してあげてほしいのです。また、問題だと自分が感じることを書きだしてみて、その根本的な原因がどこにあるかを、前にお

話した逆行型ロジカル思考を使って追究してみるのもよいと思います。そして、原因を追究したら、いかにその問題に取り組むかです。誰の問題を誰が解決するかに関しては次の節で詳しく説明します。

　私（元山）が理想とするよい社会は、より多くの人が自分たちの幸せを自分で決定し、多様な幸せの在り方が尊重される社会です。だからこそ、自分にとっての幸せとは何かを一人ひとりが真剣に考えなくてはいけません。親、友達、学校、メディア、社会など、周りの目に捉われず、自分が本当に求めているものを見つめてほしいと思います。

第3節　自分の「幸せ」とUSO

　ノイズから解放され、自分の心の声に耳を傾け、自分の幸せを自分で決めることが大切だと書きましたが、この時、一つだけ気を付けなければいけないことがあります。それは、自分が幸せになろうとする時に、他の人の幸せを犠牲にしてはいけないということです。つまり、自己中心的になり、自分の幸せばかりを追い求め、それによって他の人を不幸せにしてもよいと考えることは避けるべきだということです。「自分の幸せのためなら何をしてもよい」というのは、自分勝手であり、自己中心的な考え方です。これは、序章でお話しした、"Love Yourself（自分を愛する）"ということではありません。自分を愛し、大切にすることと、自己中心的になり、人に迷惑をかけることは同じではないからです（詳しい説明は、5章7節で説明します）。

　わたしたちが自分の問題を解決しようとした時、自分一人で解決することはできません。例えば、寂しいという思い（問題）など、精神的なことならなおさらです。ロボットでその寂しさを埋めている場合は自分だけで解決できるのではないかと考える人もいるかもしれません。しかし、そのロボットをデザインして、人工知能を考え出し、ロボットのパーツを作り

52

出し、出荷し、あなたのところまで運送している人がいるのです。それ
らの多くの人の力がロボットという形になり、あなたのもっているお金
という手段で購入できているに過ぎないのです。わたしたちの生活は、1
章で述べた、名前を知っている大切な他人（Known Significant Others ＝
KSO）と名前も知らない大切な他人 (USO)、つまり大切な他人 (Significant
Others=SO）によって支えられています。

　わたしたちの幸せを考えても同じことなのです。自分でしっかりと問題
を認識しないといけません。しかし、その問題を解決して幸せを獲得しよ
うとしたら、他の人の助けが必ずいるはずです。だからこそ、自己中心的
になるのではなく、感謝する気持ちが必要なのです。そして、最も重要な
ことは、自分の幸せは他の人の努力や思いやりで成り立っていることを自
覚し、だからこそ他の人の幸せにも貢献できる自分づくりをすることなの
です。そして、他の人の幸せに貢献できるということは、時に、自分の問
題が解決して幸せを感じる以上に幸せを感じられることだと思います。

第4節　他の人たちの問題の解決に貢献できるという幸せ

　これまで、幸せに関して考えてきました。自分で自分の問題を認識して、
その解決に向けて努力し、解決することによって幸せを達成できることが
分かりました。ここでは、USO のつながりの故、「貢献」によって幸せを
感じられるということを、心理学者アルフレッド・アドラーの考えと言葉
を借りて説明します。アドラーはフロイトやユングと並び称される世界3
大心理学者の一人ですが、かれの考え方は他の二人と大きく隔たっていま
す。フロイトやユングが、今の精神的・心理的問題を引き起こした過去の
原因を解明することに焦点を当てているのに対して、アドラーは、人間は
過去の経験に縛られて生きていくものではなく、未来に向けて経験を積み
上げていくものであるとして、過去を克服して新しい人生を展開していく

ことの重要性を説きます。ロジカル思考やクリティカル思考の枠組みで考えれば、ユングやフロイトが逆行型ロジカル思考で過去にある原因の追求を目的としていると言えます。しかし、アドラーはまず積み上げ型ロジカル思考を用いて、現状を放置しておけば様々な問題が起こることを理解して、クリティカル思考を用いて、今までとは違った価値観や考え方をもつことによって、全く異なった将来が拓けてくると考えています。このアドラーの考え方は、あとで述べる差別の根絶という著者たちの究極の目的に希望を与えてくれます。差別の現状の原因の追究だけでよしとするのではなく、建設的に差別の根絶のために、今から何をなすべきかという思考に導いてくれるからです。

　アドラーは、「人間は非常に弱いので一人では生きていけない。共同体の中で助け合って生きてゆかねばならない」として共同体感覚（原語ではFellowship）の重要性を強調しています。お気付きのように、そこにはUSOと同じ基本的理解があります。ただ、USOは、名も知らぬ他の人たちによって支えられている自分の人生や生活があるからこそ、他の人たちへの感謝の気持ちとかれらの能力と資質への尊重を導きだします。アドラーの場合は、共同体感覚を持ち、他の人たちに貢献することによって、自分の存在の意義や理由が明確になり、そのことが自分の幸せとなるとしています。この幸せは、自分の問題に物理的な解決をもたらすということではなく、自分の存在が他の人たちから感謝されるという精神的な充実感を意味しています。

　アドラーが説く精神的な幸せをわたしたちなりの理解をすれば、他の人たちがどういった問題を抱えているかを明確に理解して、その解決のために自分の能力を生かして貢献することによって、自分の存在の重要性を感じるということになります。もちろん、身勝手に他の人たちに自分の問題意識を押し付けて、的外れの言動を取れば、それは貢献ではなく利己主義的な自己満足に他なりません。貢献こそが人間の質そのものなのです。能

力を持っていても自分のためにしか使わなかったり、他の人たちの幸せを邪魔したりするように使ってしまえば、何の意味もありません。能力は「他の人を利する（利他主義）」ために使われて初めて意味をもつということを理解しておくことが大切です。

　アドラーは「変える」ということに関しても、他の人たちや環境を変えることの難しさと、最初に自分を変えていく必要性を主張していて、著者たちがこの本を通じて皆さんに伝えようとしている大切なメッセージと共通しています。皆さんのこれまでの経験や現状がどうであるかにかかわらず、他の人たちに感謝をし、他の人たちに貢献できる自分となれるよう、自分を変えていくこと、それがより良い未来社会を作っていく皆さんにとって、最も大切なことなのではないでしょうか。そして、そのことが、より幸せな自分づくりにつながるのだと思います。

第 3 章

どんな世界に
住んでいるのだろう

　わたしたちはよく「世界」という言葉を口にします。でも、一人ひとりが描いている世界像は異なっているのではないでしょうか。ある人は国を中心に考え、ある人は人間中心に考え、ある人は自分の信じている宗教や哲学を中心に世界を見ているかもしれません。また世界と自分とのつながりに関しても、世界に影響される受身的な自分、世界に影響できる能動的な自分といった違いもあると思います。そして、昨今、特にグローバル社会の到来という視点で世界をとらえる考え方も広まっています。この章では、1章で学んだものの見方や考え方を利用しながら、どのように世界を捉えてゆけば良いかを皆さんと一緒に考えていきたいと思います。

第1節　変化する世界

> ある高校でのセミナーで
> 川西：皆にとって『世界』ってどんなもの？
> 生徒：日本の外。
> 生徒：違うよ。世界は多くの国でできている。
> 生徒：世界は国々の関係でできていると思う。
> 生徒：世界は地球に住んでいる人たちでできていると思う。
> 生徒：世界は自然でできていると思う。

　皆さんは、「自分は一体どんな世界に住んでいるんだろう」と考えたことはありますか。毎日の勉強や部活、友達との付き合いなど沢山することがあるし、テレビのアニメやバラエティショーも見たいし、ユーチューブやSNSもチェックしたいし、自分の生活だけに目が行きがちになっているかもしれませんね。確かに、これらのことは大切ですし、楽しいこともいろいろあります。でも、そのほとんどが、ものすごいスピードで変化している世界とは無関係のものになっています。1章の最初に書いたように、

全てのものが変化しています。ここで一つ、私（川西）の人生で目にしてきた、とてつもない変化をご紹介します。

　私が生まれた1953年には世界の人口は27億人程でした。今（2020年現在）は何億人が地球に住んでいるか知っていますか。なんと、3倍近くの77億人も住んでいるのです。このことだけでも、今までのわたしたちの考え方や生き方を変えなければいけないと感じる大きな理由になります。有限の地球に、数の急増が止まらないばかりか、より物質的な裕福さと便利さを求め続ける人類が今後どのようにして生きていけるのか、真剣に考えなければいけない問題です。国連が主導している「17の持続可能な開発の目標（SDGs）」もこの危機意識を反映していると考えられます。

　しかし、こんな状況にあっても、わたしたちの世界観は以前のものと大きく変わっているようには思えません。例えば、誰かが皆さんに「今、日本が世界のためにしなければならないことはなんですか。」と聞けば、「国際化！」と答える人が多いのではないでしょうか。また、外国の人が英語で What are you？と聞いてきたら、多分、多くの人たちが I am Japanese. と国籍を使って答えるのではないでしょうか。確かに、今は国が政治や経済の単位となっていて、世界は国と国との国際関係で成り立っていると考える人たちが少なくありません。国の及ぼす影響はわたしたちにとっても非常に大きなものがあります。自分の所得から国に税金を納めなければなりません。外国に行くのにはパスポートが必要です。国内では、国のあらゆる法律に従わなければなりません。教育でも国を尊重し、国に尽くすことが大切にされています。また、無意識のうちに自分がある国の国民であることを優先していることもよくあります。オリンピックで自国のメダル数を数えて、他の国々のメダル数と比較して一喜一憂する時には、「自国」メダルという意識があってのことです。それでも、国家が現在のような国民国家として出来上がったのはほんの3世紀ほど前で、それ以前は民族、宗教、文化などに基づいた全く違った形で、人々はまとめられて

いたということも、否めない事実です。そして世界の状況の大きな変化の中で、国家間の関係も変化してきました。

第2節　国際化とグローバル化：
競争から共同、そして協働へのシフト

　19世紀から20世紀にかけては、各々の国益を最優先してその充足や拡大のために他の国々との競争を激化させたために、2度の世界大戦を含む大きな問題がいくつも起こりました。他の国々は、交易や同盟、敵対や侵略といったプラスとマイナスを兼ね備えた対象として見なされ、世界は国家間の国益に関わる綱引きのような状態にあったと言えます。

　国家間の競争の原理は、二つの前提をもとに行われたと考えられます。一つ目は、地球の資源は無限だが、領土内の資源は有限であるということ。二つ目は、他国の資源を活用することによって、自国を富ませることができるということです。つまり、より多く資源を手にした国が勝者になるという論理があるためだと思います。この際限のない資源獲得への願望が他国の資源の略奪を正当化して、植民地主義に基づく忌むべき時代を作り上げてしまいました。侵略できる国々の数には上限があるために、力のある国々は資源獲得のための領土拡大を通してぶつかり合い、世界大戦まで引き起こしてしまいました。この時点で、すでに世界の国々は、力関係において、支配する国々と支配される国々に色分けされ、それらの国々に住む人々にも優劣の基準が当てはめられるようになっていたと言えます。現在の先進国、後進国、あるいは発展途上国といった区別は、そこに端を発していると考えられます。

　しかし、二つの大戦を経て、数千万人と言われる死傷者を出したことで、力のある国々は、平和に共存してゆく必要性を唱え、国際連盟や国際連合といった国際組織を造り、「共同」の可能性を模索します。このプロセスで、

人類を滅亡させる威力を持った核兵器が出現したことも、平和の希求を一層高めるものでした。こういった時代を背景として、平和の実現のためには、まず外国のことを理解することだという考えが社会的に注目を浴びるようになり、その後の国際化の流れの基盤となりました。教育においても、外国語教育、地域研究、国際関係、世界経済などの分野が脚光を浴びるようになりました。

　競争と共同の違いは何かといえば、競争では勝者と敗者を決めるという結果が重視されていますが、共同は共通の目的の達成へ向けて、皆が協力することにあるということです。ただ、共同の必要性は唱えられても、国益に関わる国家間の競争はかえって拡大し、理想と現実のギャップが広がる時代が1970年代初頭まで続きました。しかし、その間、多くの国々は地域ごとにヨーロッパ共同体やアフリカ連合のような各地域内での共同体制を作り上げましたが、それは国家間の競争から地域間の競争や対立にシフトしたという感が強いものでした。

　しかし、1972年にスウェーデンで起きていた大規模な環境破壊がドイツの工業地帯を起因とする酸性雨であることが判明した時に、国連の提唱で人類史上初の国際環境会議が開かれ、自然環境が国境に関係なく結びついていることと、その保全や保護なしには人類の将来が保証されないという新しい考え方が提示されました。これは、今まで存在していても注目されていなかった深刻な課題に対処するために、新しい考え方や価値観、新しい体制が必要となるということを考え始める大切なきっかけとなりました。そして、これは国を単位とした既存の利益に関わる共同ではなく、人類益という新しい利益を形成し、その実現のために新しい思考や行動、そして関係性を作り上げてゆく「協働」の必要性の提唱でもありました。共同が与えられている既存の課題に対しての協力であるとすれば、協働は新しい課題に対処するために新しいものを創造するための協力であるというところに違いがあります。ただ、この協働の重要性の気付きは、その後の

経済を中心とした国益間の競争の加速の中で、指導的な考え方としてすぐに定着することはありませんでした。そして10年、20年という長い時間、積極的な対処が欠如したことで、環境問題が急速に悪化して、人類の将来を危ぶむ声がどんどんと大きくなり、多くの一般の人々が環境への取り組みを重要視するようになりました。国家レベルでは、今でも国益を中心とした競争を基盤とした世界観に基づいて、環境問題への取り組みに消極的な大国が存在していますが、個人レベルでは、環境問題に対する意識の高まりは知識の普及、そして様々な環境保全のための活動が、協働の具現化として広がっています。

　より多くの資源を自国の利益のために使うという競争に基づいた考え方は、地球の資源が有限であるということの理解や、環境問題の深刻化などによって、根底から大きく揺らぎ始めています。皆さんは地球規模の問題をいくつ挙げられますか。地球温暖化による異常気象や海面上昇、水や食料の不足、大気や水の汚染、生物多様性の減少、森林減少、砂漠化、エネルギー資源や鉱物資源の減少など、実に多くの問題が起こっています。そして、これらの問題は、国レベルでの解決のみに頼っていると問題の悪化にすらつながりかねないことを知っておくことも必要ではないでしょうか。

　例えば、国と環境問題の関連を理解するために、アマゾンの熱帯雨林の伐採を例にとって考えてみましょう。アマゾンの熱帯雨林は、日本の国土の15倍ほどもある巨大なものです。そのほとんどがブラジル国内にあり、ブラジル政府の管理下にあります。ご存知のように、熱帯雨林にある木々は非常に大きな葉をもつものが多く、太陽のエネルギーをふんだんに吸収して、光合成によってたくさんの二酸化炭素を酸素に変えて、大気中に排出しています。今の国家を中心とした世界の仕組みでは、ブラジル政府は自分の領土にあるものを支配し活用する権利を持っています。もし、ブラジル政府が、他の先進国の多くがかれらの森林に対して行なってきた様に、アマゾンの熱帯雨林を資源とみなして大量の伐採を繰り返したら、どんな

ことが起こるでしょう？　そして、アマゾンの熱帯雨林が完全に消滅したら誰がどんな被害を受けるのでしょう？　大気中に残る二酸化炭素の量が激増して、地球温暖化がより一層進むということももちろん考えられます。でも、人間が生きるために不可欠な酸素の供給ということに関してはどうでしょう？　アマゾンの熱帯雨林が消失したら、世界中の人たちが深刻な酸素不足にさいなまれます。もちろん国境は物理的な壁ではないので、被害の世界的な広がりは食い止めることはできません。皆さんは、一体どれだけの酸素が失われると思いますか？　驚くべきことに、概算で、今の大気中の酸素の量の25％ほどが失われると言われているのです。これは、人類全体が世界の最高峰エベレストの山頂に暮らすようなもので、酸素ボンベがなければ生きていけなくなります。一国の政府の決断が、人類全体に危機を及ぼすといったことが、この例でも分かると思います。

　グローバルな環境問題を理解する時に最も大切なことは、この問題は国が引き起こしたのではなく、わたしたちの文明、つまりわたしたちの考え方や生き方が引き起こした問題だということです。日々の生活の中で、より便利で贅沢な暮らしを求め続けてきた、わたしたち一人ひとりが、地球が無限ではなく有限であるという否定できない真実があり、際限のない資源の使用による豊かな生活の追求が不可能であるということを理解し、自分自身を変えてゆかなければならないというメッセージがあるのです。そして、わたしたち一人ひとりに起因している地球規模の問題を解決できるのは、何者でもない、わたしたち一人ひとりなのです。だからこそ、個人が独自の能力を最大限に開発して、グローバルな問題の解決に貢献するために協働することが、今最も重要であると言えるのではないでしょうか。

第3節　世界の変化にともなう、人々の関係性の変化：
　　　　競争から共同へ、そして協働へ

　前節では、国家関係の変遷として競争から共同、そして協働への変化に
関して触れました。この節では、その三つを人間関係のパターンとして考
えて、理想的な人間関係の理解につなぎたいと思います。

　わたしたちのうち、一人だけで生きている人はほとんど皆無です。他の
人たちと一緒に暮らして、USO に見たように、お互いに支えあって生き
ています。人間という言葉は「人の間」と理解することができます。これ
はわたしたち一人ひとりの存在の意義や価値が、どのように他の人々との
関係を築くかによって決まるということの理解にもつながります。

　他の人たちとの人間関係について、高校で質問したことがあります。

川西：他の人たちとの人間関係にはどんなものが考えられますか。

生徒：力を合わせてやる、協力関係があります。

川西：確かに協力できることは素晴らしいことですね。他には。

生徒：お互いに競い合う競争関係があります。

川西：確かに「競争が必要だ」という考えはいろいろなところで耳に
しますね。それでは、協力と競争ではどちらの方が大切だと思います
か。

生徒：私は協力の方が大切だと思います。皆で力を合わせることで一
人ではできないこともできるようになります。

生徒：私は競争の方が大切だと思います。他の人に負けないように努
力しようという気持ちをもてるし、そのことが自分の向上にもつなが
ります。

川西：そうですね。それでは、皆さんの生活の中で競争と協力の、ど

ちらをより多く耳にしますか？　競争だと思う人は手をあげてくださ
い。
（ほとんど全ての生徒たちが手をあげる。）

　協力と競争という関係の間には、明確な違いがあります。他の人たちを
どう見ているかということに関しては、協力では力を合わせる対象となり、
競争では競い合う対象となるからです。何が生じるかに関しては、「協力」
では皆で作り上げた成果を生み出し、「競争」では勝ち負けという結果が
生まれます。個人の変化に関しては、協力が他の人たちへの感謝と貢献し
た自分への尊敬、競争では肯定的にみれば、勝者になった場合には自分へ
の自信、負けた場合でも、次の競争に勝つための努力という変化が出ると
考えられています。

　生徒たちが答えていたように、わたしたちが日々耳にする人間関係は、
競争重視の傾向がとても強いのではないでしょうか。より良い成績をとっ
て順位を上げること、より有名な大学に入学すること、より優良な会社に
就職すること、より多くの給料をもらうこと、より出世すること、より大
きな家に住むことなど、数え上げたらきりがないほどです。学校でも、協
力の重要性は十分に理解していても、競争重視の傾向は強く現れているよ
うで、どの学校へ何人進学したかがランキングとして発表され、そのこと
が入学志願者の増減に影響すると考えられています。テレビ、新聞、雑誌
といったマスメディアでも、あらゆるものがランキングの対象となり、勝
者を称える風潮を作り出しています。そんな中で、敗者は劣等感に苛まれ、
勝者を憎む気持ちも生まれがちになるのではないでしょうか。勝者にとっ
ても、勝ち続けねばならないということが強いストレスとなり、十分な満
足感は得られないのではないでしょうか。

　競い合う相手は、貢献する対象とはならず、自分の努力の向かう先は常
に自分自身ということになり、敗者に対してはあまり関心を示さないとい

64

うことになりがちです。自分だけで生きている状況では、これでよいのか
もしれませんが、USO の貢献によって生かしてもらっているという現実
を考えれば、他の人たちの尊重や、他の人たちへの貢献が当然大切になる
と考えます。問題のグローバル化や、USO のネットワークの中で生きて
いることを考えると、過度の競争の助長は、これからのわたしたちの生活
をより危ういものにしてしまうのではないでしょうか。その意味で、他の
人たちとの協力を競争以上に重視できるような自分づくり・社会づくりが
できるかどうかに、わたしたちの未来はかかっていると言えます。

　協力関係に関しては、前節ですでに紹介したように共同と協働の 2 種類
があります。その基本的な違いに関しては簡単に触れましたが、ここでは、
人間関係に焦点を当てて、もう少し深く考えていきたいと思います、英語
では、共同は Cooperation、協働は Collaboration と言います。両方の言
葉の最初の Co は「一緒に」という意味ですが、それに続く部分が明確な
意味の違いを示しています。Operation は「取り組む、操作する」という
意味ですから、Cooperation は「課題や問題に一緒に取り組む」という意
味になります。この場合、与えられた課題や問題に必要とされる能力や知
識を持った人たちが力を合わせて望まれる結果を引き出していくことが目
標とされます。分かりやすい比喩としては、オーケストラが考えられます。
指揮者の指揮のもとに、様々な楽器が違った旋律を一緒に奏でることに
よって、与えられた楽曲を望まれる形で演奏するというのが共同です。共
同で望まれる成果を得ることができた時には、共同に参加した全ての人た
ちが充足感や幸福感を得ることができます。

　一方、Laboration の中に含まれている Labor は「新しいものを作り出す」
という意味です。病院で新しい命が生まれる分娩室を Laboring Room と
呼ぶのも、そのことに由来しています。従って、Collaboration は、「一緒
に新しいものを創り出す」という意味になります。1 章でも触れた常に変
化する現実は、新しい物事の創造のための協働を必要としています。多様

な人々が、独自の能力を高めるだけ高めて、貢献の心に基づいて力を合わせることによって、予想し得なかったような新しい発明や、発見、考え方や生き方などを生み出すことが可能となります。

　前節でも触れたように、人類は未曾有のグローバルな問題に対処するために、既存の考え方、制度、技術、知識、価値観、信条など全ての面にわたって新しいものを創出していかねばならない状況にあります。そのために、協働を通して、多様な能力が集い合うことで、いわゆる「化学反応」的な新しいものの創造へとつなげていくことが期待されているのです。協働を通して創出された新しいものがもたらす新しい展開は、協働に携わった人たちだけではなく、携わらなかった人たちにも同じように影響を与えると考えられますので、より多くの人たちが充足感や幸福感を共有することができるのではないでしょうか。大きな変化の時代に生きている皆さんには、どのように協働を形成していく自分づくりができるかを考えていただきたいと思います。

第4節　問題がグローバル化している社会で求められるわたしたちの態度

　グローバル化を、自国の利益に対する脅威と捉える考え方がまだはびこっているようです。グローバル化によって外国の商品や資本が入ってくると、自国の企業による産業が衰退し、外国の勢力による経済の支配が始まるという危惧です。1章のゾウの比喩で見たような全体的な視点を持たずに、部分としての自国の視点、それも経済的視点のみから世界を捉えることによって生じる、ある意味でゆがんだ世界観に思えます。確かに、ビジネスや文化のグローバル化によって、特にパワーのある国々による世界支配を助長しているという見方もありますが、本質的にグローバル化を促しているのは、人々のより豊かで便利な生活をしたいという際限のない願

66

望です。そして、その願望と有限な地球の資源との矛盾がグローバルな問題を引き起こしているということなのです。わたしたちが文明と呼んでいるものは、際限のない願望を次々と新しい（科学）技術や制度の導入によって具現化してきた結果と見ることもできます。そして、科学技術の発展を背景とした文明が世界的に広まることによって、全ての人々が共通して直面する深刻な問題が次々と出現しています。つまり、全人類が抱える共通の問題が深刻化していくという意味でグローバル化を捉えるべきだということを示唆しています。

　そして、わたしたちは問題に出くわすと、その結果に対処するために新しい科学技術を開発し導入するのですが、そのことが、また新しい問題の発生につながるという、問題→新しい科学技術→新しい問題→さらに新しい科学技術というような無限のサイクルに陥ります。具体的な例としては、連絡を取りたい時にすぐに連絡ができないという問題を解決するために、携帯電話が作られ、いつでもどこでも連絡を取ることができるようになりました。しかし、使用者の居場所が分かりにくい携帯電話は犯罪に使われたり、携帯電話の紛失や盗難が生活に大きなダメージを与えることになっています。そのために、携帯電話の所在を表すGPSが開発されたのですが、そのことが、個人の所在地をあらわにするというプライバシーの侵害の問題を引き起こしています。

　次の章で、問題解決の方法を紹介しますが、問題の結果への対処をする以上に、問題の原因を突き止め、その解決へ向けての積極的な働きかけこそが必要なのです。科学技術が結果への対処法だとすれば、根本的な原因への対処法は、わたしたち一人ひとりが物質的豊かさへの願望をコントロールすることにあるのではないでしょうか。

　グローバル化する世界にはわたしたち一人ひとりが原因となって作り上げている地球規模の問題があふれています。問題の悪化を政府や企業のせいにするのではなく、わたしたち一人ひとりの責任として捉えることが必

要なのです。そのために、皆さんは二つの目を身につける必要があると考えます。

　最初の目は“リアル・アイズ”という現実を歪めないで直視する目です。前にバイアスのことに触れた際に、「わたしたちは見たいものだけを見ている」「わたしたちは見たくないものは見ない」といったお話をしたと思います。常に変化している世界で生じている新しい問題を、既存のバイアスを含んだ視点で見て歪めてしまうことのないように、「在るものを在るがままに」捉える目、それがリアル・アイズです。この考えを印象付けるために、英語での語呂合わせを用いています。「在るものを在るがままに捉える」は。英語では“With a pair of real eyes we can realize reality as it is.”となり、“Real Eyes”と“Realize”が同じ音になります。

　もう一つの目は“グローバル・アイズ”です。この目は物理的な視野をもつ目ではなく、わたしたちの思考の中にある、いわゆる心の目です。自分のしていることが、目に見えない場所にいる他の人々にどんな影響を与えるかを認識する目で、自分の行動を責任を持ってコントロールするために必要な目です。例えば、歩ける距離にあるショッピングセンターへ出かける時に、「自分の車一台だけが短時間の運転で出す二酸化炭素はたかが知れているから、気にしなくても良い」と考えて、車を利用しようとしている自分がいるとしたら、必ずグローバル・アイズを使って自分の行動が他の人々の生活や幸福に及ぼす影響を考えるようにしてください。これも語呂合わせになっていて、英語で“A pair of global eyes globalize you with necessary responsibility（グローバルな目を身につければ、必要とされる責任感を持って自分自身をグローバル化できる）”ということで、“Global Eyes”と“Globalize”が同じ音になります。この二つの目をもつことが、グローバルな問題の正しい認識と、解決へ向けての具体的な行動につながっていくと思います。

　グローバルな問題が深刻化する中、その問題の原因でもあるわたしたち

68

はお互いに協力して対処しなければなりません。そんな中で、もしわたしたちが、偏見をもって、差別の泥沼にはまっているとしたらどうでしょうか。自分たちで別の問題を作り上げて、本当に解かなければならない問題を見失ってしまっているのではないでしょうか。その意味でも、わたしたちは差別のない社会をなるべく早く実現し、全ての人たちが協力して、明るい未来を切り開いて行かなければなりません。このことで、グローバル化を深刻な問題の拡大としてではなく、人々の協力体制の広がりとして捉えることができるようになります。著者の二人が、差別の根絶を目指して研究をしている根本的な理由は、まさにそこにあります。わたしたち一人ひとりは国や企業から見れば小さな存在かもしれません。しかし、地球規模の問題に一番有効な解をもっているのは、他でもないわたしたち一人ひとりなのです。皆さんが、どのように成長してゆくかが、人類の未来を切り開く鍵だと信じてください。

第 4 章

問題の解決に向けて：
個の重要性

　2章で、「幸せ」とは自分が認識した問題が解決した時に感じる充足感であるという話をしました。そこでこの章では、問題の解決の方法やその時に気を付けたいことについて一緒に考えていきたいと思います。自分の幸せも他の人に支えられて成り立っているので、皆さんも他の人の問題解決に貢献できる自分づくりをして、相手を幸せにするだけではなく、その活動を通して皆さん自身も幸せになれたらいいなと思います。

第１節　「魚を与える」のか、「魚の釣り方を教える」のか？

元山：右の絵を見てください。左にいるのはあなたです。あなたは魚釣りが上手です。すると、お腹を空かせて座り込んでいる人（右の人＝Aさん）を見つけました。Aさんを助けようと思った時、どうしますか？

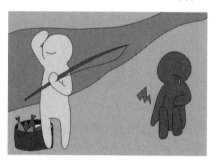

生徒：魚をあげる！

生徒：魚の釣り方を教える！

元山：では、どちらの方が大事でしょうか？

生徒：魚の釣り方を教える！

元山：でも、Aさんはほとんど飢餓状態なので、魚の釣り方を教えている間に死んでしまうかもしれません。

生徒：じゃぁ魚をあげる！

元山：魚をあげて、その時は生き延びたとしても、あなたが立ち去った数日後には、また同じ目に遭い、今度は本当に餓死しているかもしれません。

生徒：まず、魚をあげてAさんを助けた後で、魚の釣り方を教える。

　この状況において、Aさんの問題（餓死寸前）を解決するための方法は、「魚を与える」方法と「魚の釣り方を教える」方法の二つが考えられます。そして、Aさんを助けるためには、その二つの方法は両方とも大切です。なぜなら、魚をあげず魚の釣り方を教えても、教えている間に餓死してしまうかもしれませんし、一方で、魚をあげてAさんが生き延びたとしても、魚の釣り方を教えなければ、数日後にはまた同じ問題を抱えることになるからです。だから、まず魚を与えて、その次に魚の釣り方を教えれば、餓死からも救え、また、今後餓えで苦しむこともなくなり、Aさんの問題を解決できると言えます。

　この例は、問題の解決に向けての二つの取り組み方を表しています。魚を与えるという行為は、起きた問題への対処を意味します。これは、問題がすでに起きているので、事後対処ということになります。一方で、魚の釣り方を教えるという行為は、根本的な問題の原因に働きかけることで、同じ問題が起きないようにすることを意味します。この取り組みは、予防するということにもなります。両方の取り組み方が大切なのですが、社会にある多くの問題がどのように取り組まれているかに目を向けてみると、魚を与えて、魚の釣り方を教えていないケースが多いのではないでしょうか。

　例えば、ある一定の集団に対しての憎悪発言や差別言論を意味する「ヘイトスピーチ（Hate Speech）」への取り組みもその一例と言えます。日本では、2013年、特に在日韓国・朝鮮人に対するヘイトスピーチがメディアで取り上げられ、それ以降社会問題として認識されるようになります。その後、2016年6月に、「本邦外出身者に対する不当な差別的言動の解消に向けた取組の推進に関する法律（平成28年法律第68号）」、通称「ヘイトスピーチ解消法」が公布され、その解消に向けて地方公共団体に、相談体制の整備や啓発活動などの実施を規定しました。法務省は、啓発のために冊子の配布やインターネットでの広告や動画配信、相談窓口の設置の対

策をしています。また、条例やガイドラインを作る自治体も増え、街頭での大規模なデモは減少傾向にあるなど一定の効果が見られる一方で、インターネットでは差別的な書き込みが後を絶たない状態です。人工知能を使って、SNSやホームページ上におけるヘイトスピーチを検出するプログラムの開発も行われています。

　これらの動きは、全て先の説明の「魚を与える方法」と言えます。ヘイトスピーチが恐怖心を与えたり、尊厳を奪う行為であることから、そういった発言を削除したり、そういった動きを規制することは必要です。しかし、問題への対処だけで、根本的な原因に働きかけなければ、ヘイト自体はなくならず、形を変えて表現され続けるでしょう。本当の意味でヘイトスピーチを解決しようと思った時、自分と異なる人への尊重や倫理観の徹底、コミュニケーションの方法、違った属性をもつ人たちを尊重する態度を身に着けられる教育を、教育現場だけではなく地域や家族の場でも設定することが、魚の釣り方を教える方法と言えるのではないでしょうか。魚の釣り方を教える方法は、魚を与えるという方法に比べ、長期的に取り組む必要があり、すぐに結果はでませんが、根気強く働きかけていくことが大切です。クラスでは、以下のような例を使って、実際に生徒たちに考えてもらっています。

> 元山：電車に乗ると「女性専用車（Women Only）」と書かれたステッカーが貼られていることがありますが、見たことはありますか？　何を表しているのでしょう。
> 生徒：女性専用車両。
> 元山：なぜ、女性専用車両があるのか知っていますか？
> 生徒：女性への痴漢が多いから。
> 　　　女性を守るため。
> 元山：では、この女性専用車両は、痴漢という問題に対して、魚を与

える方法ですか、それとも魚の釣り方を教える方法ですか？

生徒：魚を与える方法！

　日本は特に大都市ですと、電車やバスなど公的な乗り物が充実している一方で、利用者数も多く、混雑しているが故の問題も生じています。その一つが痴漢です。痴漢や性的暴力の被害者は、世界中を見ても圧倒的に女性の場合が多く、加害者の多くは男性です。そこで、鉄道会社は「女性専用車両」という、原則的には女性しか乗車できない車両を作りました。実は日本では昔、痴漢対策とは違う理由で女性専用車両が存在していましたが、ここでは痴漢から女性を守るために設けられた女性専用車両の説明をします。痴漢や性的暴力は、被害者が電車に乗れなくなったり、日常生活が送れなくなったりするような精神的かつ肉体的な傷を被害者に負わせ、その人の尊厳を踏みにじる許されない行為です。女性専用車両の導入によって、そこを使用する女性は「男性からの痴漢」を事前に防ぐことができます。被害にあった人たちを守るための場所でもあるので、安心感を与える材料になっていると考えられます。痴漢対策としての女性専用車両は一定の効果があるかもしれませんが、同時に必要なのは、痴漢をなくすことです。

　では、魚の釣り方を教える、つまり、痴漢をなくすためにはどうしたらよいのでしょうか。そのためには、人々が痴漢行為をしない、ことです。男性が性的被害になることもありますが、先ほど言ったように圧倒的多数の被害者は女性、加害者は男性です。それは全ての男性が加害者になると言うことではありません。男性の加害者がなぜ多いのかという話をすると、男性は性的願望が強いからなどと言う声をよく聞きます。しかし、それは痴漢をしてよい理由には全くなりません。痴漢行為の背景には、女性を単に性的な対象物としてのみ見たり扱ったり、女性を軽視したり過小評価したり、女性を対等に扱わないといった言動が社会に蔓延し、許容されてい

るということを、加害者自身が悪用しているからではないでしょうか。そして、そういった考えは男性のみならず、女性自身も引き受けてしまっている場合があります。なぜなら、生まれた瞬間から、そういったメッセージを見聞きしているので、それが社会の「ふつう」と思いこんでしまっているからです。そのへんてこりんな「ふつう」を、変えていかなければいけません。

　ここでは、ヘイトスピーチと痴漢の問題を扱いましたが、差別を解決しようと思った時にも、魚を与えるだけでなく、魚の釣り方を教えなければ、差別の根本的な解決は難しいでしょう。問題を解決するためには、制度や法律に加え、わたしたち一人ひとりの人間の言動を変えていくことが必要です。なぜなら、制度や法律、社会は、人間が創造したものであり、それを人間が使っているにすぎないのですから。性別、セクシュアリティ、年齢、人種、国籍、障がいの有無などの社会的なカテゴリーに関わらず、全ての人の尊厳が守られるよう、わたしたち一人ひとりが6章で説明する「基本的倫理」（殺さない、犯さない、盗まないなど）をしっかりともつことが必要です。もし、わたしたちが間違いに気付いた時、自分を変革していくことが必要です。制度や法律、社会のあり方が変わらないと自分は変わらないという受け身的な態度ではなく、まずは自分の態度を見直して、変えていき、自分の周りからよりよい環境へ整えていくことが大切です。そして、子どもは、周りのおとなを見て言動を覚えていくので、社会に根付いた差別的言動を克服するためには子どもたちに偏見を植え付けないことが、ここでいう魚の釣り方を教える方法の一つと言えます。そのためには、わたしたち一人ひとりが自分の望まないことにしっかりとNOと言い、自分を大切にし、そして、他の人も対等な人間として尊重できるようになる教育が必要なのではないでしょうか。

第 2 節　問題を解決するためのスリー・ステップ

　では実際に問題を解決しようとした時、どういったことを知っていなけ
ればいけないのでしょう。クラスでは、先ほどのお腹を空かせている A
さんの例を使って、生徒や学生たちに質問を投げかけていきます。案外
答えの中で出てこないのは、「A さんの存在を認識する」ということです。
問題解決のためには、まずは、「問題が存在していることの認識（Identify
the problem)」が必要です。その次に、「原因の追究（Identify the cause
of the problem)」が必要です。最後に、「問題解決の方法の見定め（Identify
the solution to the problem)」が必要です。

　第一ステップである「問題認識」ですが、問題を認識するだけでは、問
題の解決はできません。問題を解決するためには、「問題意識」をもつこ
とが必要です。問題意識とは、その問題を解決するための行動を起こす時
に必要で、その問題を自分事として捉える意識のことです。なぜ人は自分
事として考え、解決したいと思うかというと、その物事に関心や興味を抱
いているからです。その興味が強くなるからこそ、その物事をもっと知り
たいと思います。ではどのようなことに興味や関心を抱くかというと、そ
の物事が自分に関係のあることで、共感できるからではないでしょうか。
そのためには、多くの情報や知識に触れたり、経験したりすることが必要
です。より多くの情報や知識に触れることで、問題意識をもち、自分とは
関係が（あっても）なくても、多くの問題があるのだと認識することにつ
ながります。

　世界中にはいろいろな問題があります。日本にも多くの問題が存在して
いますが、飢餓や教育、戦争、不平等などの問題、生死にかかわることや、
尊厳にかかわる問題などは、実際に経験をした人でないと、自分事と捉え
ることは難しいのではないでしょうか。しかし、自分とは直接関係がない

から、社会や世界に存在する問題とは関りがないかというと、そうとも言い切れません。わたしたちは USO（名前も知らない大切な他人）のネットワークで生きているので、自分の起こす行動が、他の人の抱える問題を引き起こしたり、その問題に加担したりしていると考えられるからです。想像力をもち、他の人たちとのつながりを意識し、自分ができることはないかを考えることは USO のネットワークの中で生きる上で、大切な態度です。

　また、問題を認識するためには、問題に直面している人たちの声に耳を傾ける姿勢が大切です。学校や社会を見ても、少数者や弱い立場の人たちは声を上げづらい状況に置かれることが多くなります。だからこそ、勇気を振り絞って出された声に耳を傾け、例えそれが少数の人たちの経験であったとしても、問題が起きているという事実をしっかり受け止めることが重要です。その問題をより深く認識するために、1 章で説明した積み上げ型ロジカル思考を使うことができます。もしその問題が解決できなければ、他にはどんな問題が起こるだろうと考えるのです。そうすると、その問題の緊急性を感じることができます。緊急性を感じることで、自分に何ができるかを具体的に見極めることができます。例えば、A さんの例だと、お腹が空いている（飢餓や貧困）という問題が解決されないと、働けないから社会から孤立する、いつか病気になる、そして命の危険性につながると考えていくと、まずは飢餓状態をなんとかしなければと考えることができるでしょう。また、A さんが抱えている問題が、単にお腹を空かせているということだけに留まらず、他の深刻な問題とつながっていることが理解できます。

　問題を認識したら、その次はその問題を引き起こした原因を追究する必要があります。これが問題解決のための第二ステップです。飢餓や貧困状態を克服するために、魚を与え続けることだけで終止してしまえば、魚を与えられなくなった場合、A さんは死んでしまいます。それを回避する

77

ために、飢餓や貧困状態を作った原因を見つけ、その原因に働きかけることです。原因の追究には、逆行型ロジカル思考が使えます。その状況が起きた原因を、いろいろな角度から考察してみるのです。そうすると、例えば、Ａさんが住むところは異常気象によって干ばつによる水不足が起きている、Ａさんは難民で元々住んでいた場所では戦争が起きているために必要な物資が手に入らない、家族がいない、障がいがあるため差別されて働けないなど、Ａさんが抱える問題の原因が見えてくるはずです。「魚の釣り方」を教える時には、原因をできるだけ深く追究していくことが必要です。なぜなら、根本的な原因が分からなければ、また問題が引き起こされてしまうからです。さらに、問題の解決方法を探ろうとした時、どの原因に働きかけるのかを見極める必要もあるからです。

　第一（問題の認識）、第二（原因の追究）ステップを踏んだら、第三ステップである、「問題解決の方法の見定め」に進みます。この時、クリティカル思考を使って思考を巡らせる必要があります。Ａさんの飢餓や貧困をなくそうとする時、どれくらいの魚が必要だろうか。Ａさんは魚アレルギーを持っていないだろうか。魚の釣り方を教えようとする時、あなたはどれくらいそこに滞在して教えることができるだろうか。Ａさんが住む近くの川には本当に魚はいるだろうか。Ａさんのように飢餓で苦しんでいる人は他にいないのだろうか。いるとしたら何人くらいいるのだろうか。自分一人ですべてに対処できるのだろうか。他にどういった人たちと協力したら、問題の解決ができるだろうか。といったことを考えます。なぜこのような質問を投げかける必要があるかというと、Ａさんの問題を解決するために行動をしようとしても、その問題を抱えているのはＡさんであり、あなたはその問題の解決に貢献することしかできないからです。2章で幸せの話をした時にも説明しましたが、問題の押しつけは、当事者の本当の幸せとは限りません。「こういう問題があるだろう」「こういうことに苦しんでいるに違いない」など、憶測で相手の問題に介入してしまうこと

は少し危険が伴います。ましてや、「助けてやろう」という上から目線も、ただのおせっかいです。だからこそ、他の人の問題解決に介入する上で必要なことが、次の節で説明する「人の身になって考える」という姿勢です。

第3節　他の人の問題解決への貢献：
「人の身になって考える」という感情から行動へ

　他の人に対するわたしたちの感情は、大きく四つに分けられます。一つ目は、apathy（アパシー）、二つ目は antipathy（アンチパシー）、三つ目は sympathy（シンパシー）、四つ目 empathy（エンパシー）で、それぞれ、無関心、反感、共感・同情、共感・感情移入と訳されます。英語を日本語訳した時には、英語の意味が反映されていないこともあるので、英語の成り立ちからこれら四つの感情について見ていきます。全ての言葉には "pathy" という単語が含まれています。これは、"feeling"、つまり感情や気持ちという意味です。その前の言葉によって意味が全く異なります。"a" というのは、「〜のない（without）」という意味なので、アパシーとは他の人への興味関心がない、つまり無関心という意味になります。"anti" というのは、「〜に反して（against）」という意味なので、アンチパシーとは他の人に対してネガティブな感情をもつ、つまり、憎悪感や嫌悪感などの反感や悪感情をもつ、という意味になります。"sym" は、「〜と共に（with）」という意味で、シンパシーは「他の人と共に感情を共有する」という意味になります。最後の、"em" は、「〜の中・内に（in）」という意味で、エンパシーとは「他の人の中に入る」、つまり人の身に自分を置いて考えたり感じたりする、という意味になります。これら四つの感情は、行動を突き動かす感情となります。アパシーは他の人に対して無関心なので、なにもしない、もしくは、関わらないという行動につながります。アンチパシーは他の人への反感や嫌悪なので、その感情を持った相手に対し

て差別言動や暴力といった行動につながると言えます。シンパシーとエンパシーはどちらも他の人に共感するので、日本語でも「シンパシーを感じる」という言葉が共感をもつ意味のように使われています。どちらも、他の人のために何かをするという行動につながると言えるでしょう。しかし、日本語では「共感」とされるシンパシーとエンパシーは、英語では意味が異なります。その違いが、どのように行動の違いにつながるかを詳しく見ていきましょう。

　二つの感情の根本的な違いは、「どの視点や立場に立っているか」ということです。シンパシーは、他の人の置かれている状況を客観的に観察し、その状況やその人たちに自分の立場から共感する感情です。「同情する」と訳されるのにも合点がいきます。一方で、エンパシーとは、他の人の置かれている状況を「自分がもしその人の立場だったらどう感じるだろうか」と、その人の立場に身を置き、その立場に立った上でその状況やその人たちに共感する感情です。「相手の身になって考える（Put yourself in their shoes）」ことだと言えます。どちらの感情によって突き動かされるかで、行動にも違いが出てきます。シンパシーから突き動かされる行動は、自分自身の価値観や立場を通して他の人が置かれている状況を判断し、相手の必要なものを決めてしまい、それに基づいて行動するため、相手が本当に必要とする手助けにならない可能性が増えると考えられます。同情からの行動として、「かわいそうに。だから、○○してあげよう」というのは、一見、相手に寄り添おうとしているように見えます。相手の立場に立たずに共感することは、自分がその人の置かれている悲惨な状況にはいない、つまり優位な立場にいることも表しています。自分が優位に立っているということは、相手を劣位に立たせ、無意識に傷つけてしまうこともあります。その立場から行動を起こせば、「○○してやってる」といった、自己満足な独り善がりの行動に留まってしまうのではないでしょうか。行動を起こす時には、「誰のためか」と考えることが大切です。シンパシー

80

から生じる行動は、誰かのためにと言いつつも、自分のため（感謝される
ため、体裁を守りたいためなど）となりがちで、エンパシーから生じる行
動は相手のためと言えます。気付いた人もいるかもしれませんが、エンパ
シーを持った他の人の問題への関与は、その人の幸せと自分の幸せにつな
がると言えます。

　では、完全に相手の身になって考えることは可能なのでしょうか。結論
から言って、他の人の置かれている状況を完璧に理解することは、エンパ
シーをもってしても不可能です。その他の人がたとえ、親子やきょうだい、
親友、恋人、パートナーであっても、完璧な理解はできません。なぜなら、
わたしたちはその人自身ではないからです。しかし、理解できないからと
言ってエンパシーをもたなくてよいということにはなりません。エンパ
シーとは、他の人とのコミュニケーション、関係の構築、共同や協働を形
成する上で、重要かつ必要な手段だからです。

　では、より正確に相手の身になって考えられるようにするためにはどう
すればよいのでしょうか。そのためには、相手の置かれている状況やその
相手をできるだけ正確に理解する必要があります。あなたが解決しようと
している他の人の抱えている問題は、その人が認識している問題です。そ
の人が置かれている状況への理解が浅ければ、問題への解決に貢献するこ
とが難しくなり、本当に相手の望む解決方法を見つけられなくなるかもし
れません。では、相手を理解するためにはどうしたらいいのでしょうか。
それには、その人とのコミュニケーションが必要です。コミュニケーショ
ンについては5章2節で詳しく説明しますが、話す言葉の意味や感情を交
換・共有し合う交流のことです。つまり、「聞く」ことも立派なコミュニケー
ションになります。相手の声に耳をしっかり傾けることがここでも必要で
す。実際にコミュニケーションが取れない場合もあるでしょう。問題を抱
えている人は、社会的に声を上げづらい状況に立っていることも多く、そ
の人たちに直接話を聞くことが難しいことも多いためです。そのような時

には、直接「聞く」ことをしなくても、そういった問題に興味を持ち、理解しようとすることも、助けになるでしょう。また、「もし今、他の人が経験していることが、自分の身に起きたらどう感じるだろう」と想像力を使うことも大切です。その想像力を使う時、自分も似たような問題を抱えたことがあったら、その時の気持ちを思い出すことで、相手の感情を理解できるかもしれません。ここで「こうだろう」と憶測で相手の感情を理解したふりをするのはシンパシーの問題点で指摘した状況に陥りやすいと言えます。似たような経験があれば、経験がない人に比べて、相手の気持ちを理解しやすくなるかもしれません。他の人やその状況を完璧に理解することはできなくても、より正確に相手の身になって考え、行動する努力をしようとする態度は、USO のネットワークで生きる上で欠かせません。

　現実のわたしたちの生活に目を向けた時、どの感情が多くみられるでしょうか。特に差別の問題など社会問題を考えてみると、無関心（アパシー）から、何もしないという行動が多く取られているのではないでしょうか。またある一定の、しかも、社会的に立場の弱い人たちに向けてのヘイトスピーチなど、誰かを排除しようとする行動の背景には、反感（アンチパシー）があると見受けられます。そう考えると、反感は、問題解決につながる感情ではなく、問題を引き起こす可能性のある感情としても理解できるでしょう。反感や嫌悪感（アンチパシー）は一見、その感情を向けている相手にのみ負の影響があるように見えます（もちろん、大きな負の影響力を持ちますが）。しかし、誰かに対してそのような感情をもち続けると、心が疲弊します。また、自分も誰かに反感や嫌悪感（アンチパシー）をもたれるのではないか、と他の人たちを敵としてしか見ることができないいすれば、孤独に感じるのではないでしょうか。このように、反感や嫌悪感は、その感情を向けられている人だけではなく、その感情を持っている本人にとっても負の影響が及ぶでしょう。

　では、無関心（アパシー）はどうでしょうか。著者の二人は、無関心は、

反感や嫌悪感（アンチパシー）と同じくらい、負の影響力があると思っています。好きの反対は嫌いではなく、無関心です。反感や嫌悪感というのは、問題を引き起こす行動へとつながりますが、他の人への関心が少なからず存在します。一方、無関心というのは他の人への関心がなく、誰かのための行動には結び付きません。繰り返しになりますが、わたしたちはUSOのネットワークの中で生きています。一人では生きていけず、USOやKSO（名前を知っている大切な他人）の努力によって生かされています。他の人が抱えている問題を認識しているのにも関わらず、その人にもその人が抱える問題にも無関心であるということは、USOネットワークの中で生きる上で、自己中心的な態度とは言えないでしょうか。

　他の人に対して反感や嫌悪感を持っている人を、もたないように変えることは簡単なことではありません。しかし、他の人に対して反感や嫌悪感をもつがゆえに人を信じられず、常に自分も誰かの嫌悪の対象となってしまうという恐怖心と向き合わないといけないことを考えれば、その感情を少しずつ減らしていくことはできるかもしれません。反感や嫌悪感を持っている理由が、1章の4節（差異ではなく相違）でお話したように、他の人たちを「差異」として認識していることで生じているとしたら、「相違」として認識できるか自問してみることも大切かもしれません。また、他の人に対して無関心になりがちな人は改めて自分の存在意義を確認するのがよいのかもしれません。2章の4節（他の人たちの問題の解決に貢献できるという幸せ）でも話しましたが、誰かのために何かできる自分を感じられるということは、自分の存在意義や存在理由を感じることでもあります。もしわたしたちが誰もいない場所に住んでいるとしたら、あなたが存在理由を感じる必要もなければ、実際に感じることもできません。他の人が存在してくれるからこそ、自分という存在が成り立つからです。もちろん、存在意義を感じるために、誰かに何かをするわけではありません。しかし、人の幸せに貢献することも、自分の幸せを感じられることです。そ

して、他の人の幸せに貢献できる自分づくりに向けて、自分ができること
をどんどん増やしていってほしいと思います。社会に住む人々が他の人を
思いやり、「他の人のために」行動することができれば、より多くの人がもっ
と生きやすくなると私は思います。

第4節　思考の変化、意識の変化、態度の変化、行動の変化、生活の変化、社会の変化という流れによる問題解決

　この章では、個人として問題解決に取り組んでいくために大切な視点や
考え方を紹介してきました。章の締めくくりとして、1章で指摘したよう
に、わたしたちが Change Maker として、どのように自分自身に必要な
変化を起こし、それを社会の変化につなげていくのかを説明しようと思い
ます。

　まず、わたしたちが社会に変化が必要だと感じてそれを実現するために
は、今までとは違う経験が必要です。それは、新しい考え方に触れたり、
今まで気付いていなかった事実に触れたり、より多くの様々な人たちと出
会ったりするといったようなことです。それらの経験とクリティカル思考
によって、今までの考え方や信じていたことを柔軟に考え直すことで、「何
か変える必要はないか」と自分に問いかける思考の変化が生まれてきます。
この思考の変化が「こんなことにも注意しなければいけない」「こういう
視点でものを見なくてはいけない」という意識の変化につながり、今まで
見えていなかった現実に目を向けて、そこにある問題を考え始めます。そ
して、エンパシーを活用して、その問題によって被害を被っている人たち
の立場に自分を置くという態度の変化へとつなげていきます。態度の変化
だけでは問題は解決しませんので、具体的な行動を起こすことによって問
題の解決を図ります。この、思考から行動に至る変化を取り込むことで、
同じことを繰り返す日常の生活が、自分と人々の幸福を増進する生活へと

84

切り替わって、それを他の人たちに自信を持って見せることで、賛同者が生まれ、そこから社会の変化につながる可能性があると考えます。

　わたしたちは、社会が変わらないから、他の人たちが変わっていないからということで、自分を変えようとしないことを正当化してしまいがちです。ただ、どのような変化も個人に起因していると考えれば、自分が確信を持って変えられるのは自分しかいないということに気付けるのではないでしょうか。

　これまで述べた思考から社会に至る変化という考え方は、社会や他の人たちが変わらないと自分は変わらないという考えとは全く逆の思考で、社会を形成している個々人として、まずは自分を変えることから始めることに重点を置いています。最終章でグローバルリーダーに関しての説明をしますが、この「自分を変える」ということがその基本的な考え方になっています。皆さんは自分を変えていけるでしょうか。その勇気を皆さん一人ひとりがもち、思考、意識、態度、行動、そして生活における変化を起こしていくことで、望まれる社会への変化の可能性が生まれてきます。

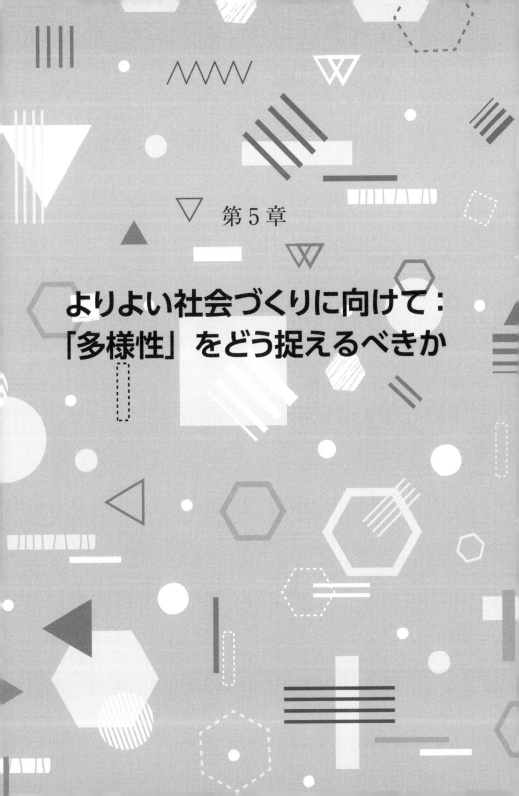

第 5 章

よりよい社会づくりに向けて：
「多様性」をどう捉えるべきか

「多様性を理解しよう」、「多様性って大事だよね」という呼びかけは特に最近よく耳にしたり、目にしたりします。こういった呼びかけに対しては、ほとんどの人が首を縦に振って同意するのではないでしょうか。多様性の必要性は、これまで話してきたように、グローバル化の進行、科学技術の発展、情報過多時代の到来により、以前に比べ、はるかに多くの多様な人に出会い、その中でわたしたちが生きていることが共通認識になっているからではないでしょうか。しかし、こういった呼びかけで唱えられている「多様性」とは何を意味しているのでしょう。

　この章では、「多様性への理解・尊重」のためにはどのように人との関係を築くべきなのか、どういったことが人との関係づくりに問題になっているのか、良好な関係を作るためにわたしたち一人ひとりに何ができるのかを一緒に考えていきたいと思います。それは、一人ひとりが生きやすい社会づくりをするために必要なことです。

第1節　「自分らしさ」の多様性：アイデンティティの形成

　前章でもお話したように、グローバル化の進行に伴い、わたしたち自身もこれまで知っている人に限らず、より多様な人と触れ合うことが可能になりました。「多様性」があるからこそ、わたしたちは自分たちが何者なのか、ということをしっかりと考え、知っておく必要があります。言い換えれば、「自分らしさ」という特徴をしっかりともつ必要があるということです。これは、学術的に言えば「アイデンティティ」ということです。社会学者の石川准は、アイデンティティは自分という存在を証明する実践だと言っています（1992年『アイデンティティ・ゲーム――存在証明の社会学』、新評論）。そして、アイデンティティの形成、もしくは、自分らしさを持つためには、他の人と「違う」ということが大切です。1章6節で説明したように、その「違い」は二つの要素に分けられます。性

別、性自認、性指向、国籍、人種、宗教、職業など社会的カテゴリーと個人の能力や人格の二つです。ちなみに、性格と人格は異なります。性格とは英語でいうとキャラクター（Character）で、人格はパーソナリティ（Personality）のことです。この二つの違いに関しては、心理学的な議論が行われていますが、Character の語源は「刻み込まれた」とされ、生まれ持ったものと解釈されることが多く、Personality はペルソナ、仮面を指し、有名な心理学者であるユングによると「人間の外的側面」と考えられていると言えます。つまり、人格とは他の人との関係の中で表明する性格とも解釈できるのではないでしょうか。アイデンティティが、他の人の存在があるために成り立つと考えれば、アイデンティティの形成にはその人の性格ではなく、人格がその要素となっていると理解できます。

元山：わたしたちのアイデンティティは、社会的カテゴリーと個人の能力や人格の二つの組み合わせによってつくられるとしたら、誰があなたのアイデンティティを定義しているのでしょう。

生徒：社会。

元山：社会は人ではないですよね。

生徒：他の人。

元山：他の人だけが決めるのでしょうか。

生徒：自分自身。

元山：はい、では、どちらの要素がその人の個性につながるでしょうか。

生徒：個人の能力や人格？

元山：そうですね。では、どちらの要素を優先して他の人から認識されたいと思いますか？

生徒：やはり能力や人格。

元山：では、皆さんは自分のアイデンティティを考えた時、どちらの要素を優先して自分を見ていますか？

生徒：能力や人格。

生徒：あ、社会的なことかも。

元山：これは、二つに分かれましたね。その人が特別であるためには、その人の能力や人格で認識される必要があります。もし、あなたが自分のことを社会的な要素を中心に見ているとしたら、それは自分が特別な存在であるということを認識していないということにはならないでしょうか。自分とは何かを考える時には、是非、自分の能力も含めて考えてみてほしいと思います。

では、最後の質問です。あなたは他の人を見る時、どちらの要素を優先して認識しているでしょうか。

生徒：能力や人格。

生徒：（苦笑いしながら）社会的なこと。

元山：社会的なことと答えてくれた人はとても正直だと思います。でも、自分は個人的な要素で認識してほしいと望んでいるのに、他の人を社会的なカテゴリーで見てしまっているとしたら、それは自己矛盾にはならないでしょうか。

上のやり取りを、もう少し詳しく見ていきたいと思います。

まず、あなたのアイデンティティを定義しているのは、自分であり、自分以外の他の人です。自分が決めたアイデンティティと、他の人があなたをどのような人かと認識するのかは、異なることもあります。

では、社会的なカテゴリーとその人の能力や人格、どちらの要素で見られた時、その人の個性がより際立つのでしょう。個性とは、単に他の人と違っているというだけではなく、その違いがその人を特別な存在にするということです。そのことから、人はその人がもつ能力や人格で見られた時の方が、その人の個性が際立ちます。生徒の中には、社会的なカテゴリーの要素がその人の個性を際立たせると答える人たちもいます。なぜ、人が

社会的カテゴリーで見られた時、その人の個性が消え、特別な人とは認識できなくなってしまうのでしょうか。それは、その人が「多くの人がいるうちの一人（one of them）」になってしまうからです。社会的なカテゴリーは、似たような特徴を持った人が二人以上いた時に、グループ化されます。もし、高校生、日本人、出身地など同じ社会的カテゴリー中の一人と人間が認識された場合、個々人の相違にはあまり目が向けられないということになります。例えば、70代の人たち集まりの中に一人だけ10代の人がいれば、その10代の人の個性がひときわ目立つように見えるかもしれませんが、それは個性とは違います。個性とは、社会的カテゴリーのような集団に対して与えられるものではなく、個々人に与えられる特性だからです。そのため、似たような見た目の中で違う見た目の人をもつ自分は特別だ、個性がある、と思って自分を見てしまうと、自分と似たような見た目の人がいた時あなたの個性は消えてしまうことになります。個性とは、どの場所にいても、どんな人といても、意識しておくべきものなのです。

　私と生徒のやり取りにあるように、自分自身をどのように認識し、相手をどのように認識しているかについて考えてみましょう。生徒の中には自分のことを社会的なカテゴリーの枠組みで見ている人も結構います。その時に必ず伝えることは、あなたも特別な一人のはずなので、自分を見る時には自分の能力も含めて考えてください、ということです。「能力がない」と言う人にはこのようにも伝えます。能力は、自分が欲して、努力して得るものです。だからこそまずは、自分がどう生きたいのかをしっかりと定め、それに向けて必要な努力をしなくてはいけません。

　最後の、他の人を認識する時どちらの要素を重要視しているかという質問には、正直に社会的カテゴリーと答える人は少なくありません。もし自分は能力や人格で見られたいけれど、他の人を見るときにはその人の社会的カテゴリーを重要視してしまっているとしたら、それって不公平ではないかという問いを投げかけます。自分は特別な存在で見られたいと思って

いるから相手にそう見てほしいと願うのに、自分は相手をたくさんいるうちの一人と扱っていることになるからです。

　続けて、もう一つ聞く質問があります。USO（名前も知らない大切な他人）ネットワークで生活する上で、そして「幸せ」（問題を解決した時に生じる感情）を考えた時、より重要な要素はどちらかについて、生徒に問いかけます。USOと幸せの共通点は「貢献」です。USOは、名も知らない他の人たちの貢献が、自分の命を支えてくれているということです。自分の幸せもまた、問題解決のために誰かが貢献してくれていること、そして、自分も他の人の問題解決に貢献することで生じる感情です。貢献というのは、その人ができることを誰かのために活かしたり、使ったりすることです。つまり、社会的カテゴリーよりも、その人は何ができるかということと、貢献しようと思う気持ちや態度が大切なのです。この貢献しようと思う気持ちは、その人の「資質」です。辞書を見ると、資質は、生まれつきの性質や才能、とあります。しかし、この本では、自分の能力を貢献のために使おうという意志を資質と捉えています。だから資質は、人格の中でも利他的な思考や行動に結びつく要素だと言えます。

　次節では、なぜわたしたちは社会的カテゴリーで相手を認識してしまうのかの答えを見つけるため、わたしたちがどのように交流し、人間関係を築いているかについて考えてみましょう。

第2節　わたしたちはどのように関係を築き上げていくのだろうか：見た目から会話、会話からコミュニケーションへ

　今、皆さんが知っている人も、仲のいい人も、信頼できる人も、大切な人も、最初から知っていたわけでも、仲がよかったわけでも、信頼していたわけでも、大切だったわけでもないと思います。人との関係性は、皆さんが相手と一緒に作り上げてきたものなのです。ということは、知ってい

る全ての人との初対面の時があったはずなのです。では、そこからどのように人との関係を築き上げていくのでしょうか。

> 元山：右の絵を見てください。自分の目の前に、この人が立っていたとします。この人に関して分かることを教えてください。
> 生徒：女の人。
> 生徒：イスラム圏の人。
> 生徒：笑ってるから優しそうな人。
> 生徒：どこかへ出かけようとしている人。
> 生徒：魅力的。
> 元山：では、それらの情報は全部あっていると言えますか？
> 生徒：言えない。だって、話してないから。
> 元山：そうですね。皆さんが言ってくれたことは、見た目からイメージしたこの人に
>
>
>
> 関する情報ですよね。つまり、わたしたちは人間関係を構築する時、まずは見た目からその人に関する情報を集めることから始まります。では、次はどうしますか？

　人との関係性を築いていくためには、まず相手のことを知る必要があります。目が不自由でなければ、目で見えるものから情報を得るということです。心理学の実験でも検証されていますが、初対面の時は、相手の情報を瞬時に判断し分類する「カテゴリー化」が行われるとされています。その際、性別や肌の色、年齢など、目につきやすい特徴で相手を瞬時に判断すると言われています。そのカテゴリー化に伴って、固定化されたイメージが1章5節で説明した「ステレオタイプ」です。そのあと、より発展的な関係性を築くために、相手と会話をするでしょう。会話を通して、お互

いの情報を交換し合うのです。その時、自分が想像していたことが間違っていたことや合っていたことに気付きます。そして、さらに発展的な関係性を築くためには、相手とコミュニケーションをとり、より信頼できる関係性を築いていこうとするのではないでしょうか。

　この本では、会話とコミュニケーションは違うものとして扱うことにします。ここで言う会話とは、情報交換のことを指します。コミュニケーションとは、話す言葉の意味や感情を交換・共有し合う交流のことを指します。つまり交わされる内容が全く異なります。例えば、その人の名前、出身地や職業、年齢などはその人に関する情報だと理解できます。一方、もう少しいろいろな話をしてきたら、徐々に深い話に発展します。その人の価値観や信条に触れるようなことを話す時はコミュニケーションと言えるでしょう。アメリカに住んでいた時によくあったことですが、バス停でバスを待っていると、同じようにバスを待つ人から話しかけられることがありました。「最近寒くなってきたよね」などという天気の話から始まり、「あなたどこから来たの？」と出身地を聞かれ、「日本です」と答えると、「人生で一回は日本に行ってみたいんだよね」などと伝えられ、「今はこっちに学生として来てるの？　働きに来てるの？」などと聞かれます。それに加えて、どこの大学で勉強しているかを聞かれます。その後は、「じゃぁ良い一日を！」と言ってお互いにバスに乗り込むのです。たいがいそういう場合は、お互いの情報を交換し合う会話にとどまることが多いのです。何度か会ったことがある人であれば、趣味の話や週末は何をするかなど少し個人的なことも話しますが、自分の気持ちを共有するところにまでは至らないこともあります。それが、その人がどういうバックグラウンドかを知り、より信頼できるようになると、「何を勉強していて、どんなことに興味があるの？」「あなたは最近の日本の社会情勢をどう思う？」など、互いの価値観や感情、考え方について共有し合っていきます。本当に信頼できる関係性を作るために必要な手段がコミュニケーションだと言えます。

　このように、わたしたちは人との関係を築いていく時、まずは見た目からの情報を集め、その次に会話を通してより多くの情報を集め、コミュニケーションを通して相手をより深く理解していきます。どのような情報を集めているかを見てみると、第一段階では見た目から判断するので社会的な情報にとどまります。会話をする時は、直接相手から情報を聞きますが、これは社会的な事柄と個人的な事柄の両方が含まれると思います。しかし、信頼できる関係になると、より深い個人的な事柄が情報として入り、話をする中でその人の能力や人格についてもより分かってくると言えます。

　では、見た目から得た情報が絶対に正しいと言いきれるでしょうか。答えは「NO」です。なぜなら、見た目から得た情報の中には自分のもつステレオタイプも多少含まれてしまうためです。私（元山）の友人でアメリカ人のジェニファーが日本に遊びに来た時にこんなことがありました。ジェニファーはベトナム系アメリカ人で、「ちびまる子ちゃん」に似ていると友達の間では言われていました。来日の際、店や街で話しかけてくる人に、「あなたは日本人なのに英語上手ね」と言われていましたが、ジェニファーはその人が言っていることも分かりません。つまり、日本人のように見える人は日本語を話す、というステレオタイプがあるからではないでしょうか。また、ジェニファーがベトナムを訪問した時は、彼女のなまりのあるベトナム語を現地の人から馬鹿にされることもあったそうです。ここでも、彼女の見た目に対してある一定のステレオタイプやバイアスが用いられたと言えますが、見た目の情報が正しいとは限らないことも教えてくれます。

　初対面から会話へ、会話からコミュニケーションを通して関係性を築いていくわけですが、全ての人たちとの関係性を構築できるわけではないと思います。それはどうしてでしょうか。それは初対面の時点や会話の時点で得た相手の情報に対して、自分が少しでも否定的にとらえてしまったら次のステップに進むことはできないからでしょう。相手を見た目で判断し

て、その人に関わることがなければ、次のステップに行くチャンスを自ら
が絶ってしまうこともあるでしょう。もしくは、会話を通して得た情報の
中で、相手に対してネガティブに感じてしまえば、関わるのをやめようと
思うかもしれません。しかし、前述したように、第一と第二ステップで得
る相手からの情報は、その人個人のことよりも、もっと社会的カテゴリー
に関する情報が多いのではないでしょうか。しかし、相手の社会的カテ
ゴリーに対して、「○○っぽいな」「こんな見た目の人は、○○だ」「この
社会的カテゴリーの人は、皆○○だ」といった思い込みをしてしまい、相
手の本質を見ないというようなことが、たびたび起こるのではないでしょ
うか。その思い込みで相手を否定的に評価してしまっているとしたらそれ
は、自分のもつバイアスです。1章5節でもお話ししましたが、それらの
思い込みはステレオタイプであり、それを基にしたバイアスは、良好な関
係を築けない原因になり、差別やいじめにもつながる危険性をはらんでい
ます。そんな社会的なカテゴリーを乗り越えて、良好な関係を築くために
は、お互いに協力しなければ解決できない問題を一緒に解決すること（共
通目標の設定と協働）が必要です。社会心理学者のムザファー・シェリフ
たちは、異なる特徴をもつ集団同士が良好な関係を築けない理由とその解
消方法について研究しました。その結果、それらの集団同士が共通の目標
をもち、課題に取り組んだ時、お互いのバイアスを低減させ、協力するこ
とができたとされています。3章でも説明がありましたが、問題がグロー
バル化されている現在では、地球上に住む人々が国境に関係なく被害を被
ります。グローバルな問題を協働を通して解決していくという目標に向け
て、社会的なカテゴリーに捉われすぎず、相手の能力や人格を見ようとす
る、その姿勢が求められていると言えるでしょう。

第3節　社会的カテゴリーを基盤とするカテゴリー化が生む問題と　　差別のメカニズム

　ここまで、人が社会的カテゴリーで見られた時（カテゴリー化）、その人の個性が見えづらくなってしまうこと、そして、社会的カテゴリーにはステレオタイプを基に相手に対して否定的な感情を持ってしまうバイアスが生じることで、良好な関係性を築けない、そして、それが時に差別につながっていく可能性があることを説明してきました。では、この節では差別がどのように生じるのかについてもっと詳しく見ていきたいと思います。ロジカル思考のところでお話ししたように、あらゆる差別が生じないようにするためには、その原因をしっかりと認識する必要があるからです。

　そもそも、差別とは何を指すのでしょう。現代社会福祉辞典（2003）によると、差別とは「人々が他者に対してある社会的カテゴリーをあてはめることで、他者の個別具体的な生それ自体を理解する回路を遮断し、他者を忌避・排除する具体的な行為の総体」のことだそうです。広辞苑（2008年第6版、岩波書店）ではこのように書かれています。「差をつけて取りあつかうこと。わけへだて。正当な理由なく劣ったものとして不当に扱うこと」。現代社会福祉辞典で言われている「社会的カテゴリー」とは、この本でいう社会的カテゴリーのことですので、国籍、民族、人種、宗教、性別、性指向、性自認、年齢、障がいの有無や見た目などが含まれます。以上をまとめると、差別とは、人を社会的カテゴリーに当てはめ、個々人の相違を無視し、排除する具体的な行為、ということが分かります。

　では、差別は誰から誰に対する行為なのでしょうか。差別は、力を持っている人から持っていない人に対する行為です。力を持っている人を「多数者」や「マジョリティ」、持っていない人を「少数者」や「マイノリティ」とも言います。ここでいう「力」とは、体力的なことや身体的な力のこと

ではなく、社会的な力のことです。社会的な力は、社会にあるあらゆる機会や資源を利用できる力とも理解できます。数の多さがマジョリティやマイノリティを決めると思われがちですが、数が多いからと言って社会的な力を持っているマジョリティとは限りません。例えば、女性は男性に比べて人数は多いですが、社会的な力が弱いためマイノリティと言えます。

　授業でも、生徒や学生に、人が社会的カテゴリーで見られた時に差別が起きるかについて問うと、起きるという答えが返ってきます。その後、なぜ差別が起きるかについてグループディスカッションをしてもらいます。生徒・学生たちからは、「その人を知らないから」、「優勢・劣勢が決まるから」、「ある一定の人たちに対しての固定観念があるから」などいろいろな意見が出てきます。

　具体的な例に関しては、次の節で詳しく見ていきますが、あらゆる差別の例をみると、差別が起きる仕組みは右の図のようになります。社会は、社会的に力をもつマジョリティの考え方や価値観が「基準」となって成り立っています。その基準は、マジョリティのもつ「ふつう」が基盤となっています。そして、マジョリティが作り上げた「ふつう」が、家族、学校、メディア、制度などを通して社会に浸透し、いつのまにかマジョリティの考え方に支配され、それが当然のことのようにみなされていきます。そのような社会では、社会的に力のある集団が、自分たちとは違う人たちを「差異」として認識してカテゴリー化が行われます。そのカテゴリー化にはステレオタイプが伴います。そして自分たちとは違うカテゴリーを比較し、自分たちを「優勢」「ふつう」「常識」の基準とし、それにそって「正しい」とするために、それ以外のマイノリティを「劣勢」「ふつうじゃない」「異常」などとバイアスをもって判断していきます。そして、マイノリティを排除し、不当に扱う差別へとつながっていきます。しかし、マジョリティが社会の基準となっているので、マイノリティへの不当な扱いがあたかも「自然」なことのように見えてしまうのです。そして、ステレオタイプやバイ

アスに基づいた会話が行われ、マジョリティの考え方が維持されていくのです。

　マジョリティに属していても「自分は差別はしないよ」と思った人もいるかもしれません。近年では「マイクロアグレッション」という、社会的なマイノリティが受けている日常的な抑圧を表す概念もあります。これは、相手を軽視したり、侮辱したり、中傷したりして、否定的なメッセージを対話や言動で伝えているのにもかかわらず、その本人は自分が差別していることに無自覚だということを表す概念です。つまりマジョリティの価値観を基に対話が行われれば、そういった価値観が再生産され、知らず知らずの間に差別が繰り返されていくということです。

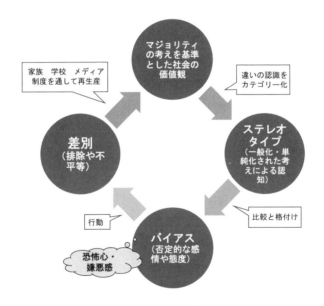

　前の章で、競争の原理がいかに不幸を生むかという話をしましたが、差別が行われる時も同様で、ある人たちがそれ以外の人たちに対して優劣をつけ、マイノリティへの嫌悪感を増幅させていきます。誰も、差別をされたいと願っている人はいません。競争の原理では、自分が「負け」ないた

めには、誰かを「負け」とレッテルを貼ることで、「勝ち」を感じないといけないという感情を掻き立てているのではないでしょうか。しかし、この競争の勝ち負けを決める基準はマジョリティが決めているので、当然マジョリティにとって有利に作られています。マイノリティは、マジョリティに有利なルールで、望んでもいない競争に強制的に参加させられ、そこで負けてしまうために劣っていると決めつけられ、差別されているのです。

このように、一人の人間をカテゴリーの中の一部としてしか捉えず、個人がもつ資質や能力などの個性における相違を完全に無視し、否定し、不当な扱いを正当化してしまうのが差別なのです。理不尽なことだと思いませんか。

第4節　差別される経験とは：
　　　非異性愛者として生きていくということ

この節では差別されるとはどういう経験をすることなのか具体的に見ていきたいと思います。ここでは、私（元山）がこれまで非異性愛者とその家族へのインタビュー調査や、LGBTQ+ コミュニティでの参与観察を通して聞いてきた声の数々や、非異性愛者への差別に関する研究を通して得た知識をもとに、非異性愛者として社会で生きていくことがどういうことなのかを紹介したいと思います。

LGBTQ+ とは、レズビアンの L、ゲイの G、バイセクシュアルの B、トランスジェンダーの T、クイアもしくはクエスチョニングの Q の頭文字をとったものです。＋というのは、LGBTQ 以外にも多様なセクシュアリティがあることを指します。レズビアンとゲイの人は、恋愛や性愛の対象が自分の性自認と同じである同性に向く性指向をもつ人たちのことです。分かりやすく言うと、自分は女性であると自認している人が女性を好きになる場合や、自分を男性であると自認している人が男性を好きになる場合

です。バイセクシュアルの人は、性指向が同性にも異性にも向く人たちのことです（同時期に二人好きになるということではありません）。LGBの人たちのように、恋愛や性愛の対象が異性に向く性指向をもつ異性愛者ではない人を非異性愛者と表現することもあります。非異性愛者には、全性愛者のことを指すパンセクシュアルの人たちも含まれます。「パン」とは「全ての」という意味ですので、相手の身体の性、性自認、性指向に限らず恋愛や性愛の対象となる人のことです。トランスジェンダーとは生まれ持った性別と、自分が認識する性別（性自認）に違和感を持っている人や異なる人を指します。クイア・クエスチョニングとは、既存のカテゴリーには属したくない人、まだセクシュアリティが分からない人などが含まれます。＋の部分は、無性愛と言われるアセクシュアルやパンセクシュアル、性自認を男性とも女性とも認識する人のほか男性とも女性とも認識しないなどのX（エックス）ジェンダー、もしくはインターセックスなども含まれます。ここで挙げた以外にも、人の数だけ性の在り方や生き方が存在します。

　非異性愛は世界的に抑圧を受けている社会的カテゴリーと言えます。その社会で非異性愛者の存在が認知されていようといまいと、同性に魅力を感じる人たちはどの時代にも、どの場所にも存在するのです。「非異性愛者に会ったことがない」と言う人がいますが、だからといって存在していないということにはなりません。存在はしているけれども「見えない」、もしくは社会から「見えなくされている」だけなのです。見えない理由は、自分の性指向を他の人に伝えづらい社会だからです。見えなくされている理由は、社会が非異性愛者を抑圧し、存在を認めず、非異性愛者への差別や当事者が抱える問題を解決する意志がないからだと思います。

　ヨーロッパやアメリカでは19世紀末頃から、同性に魅力を感じる人や同性間の性行為に対して問題視が始まったと言われています。非異性愛は、宗教上の考えをもとに「自然に反する」性愛の在り方として見なされていきました。こういった考え方が、国の法律として導入され、同性間の性行

為は刑罰の対象となり、弾圧が激化していきました。非異性愛者は犯罪者として扱われ、投獄され、暴力の対象となり、例えばナチス政権のもとでは、非異性愛者は強制収容所に送られ、抹消の対象となっていたのです。同じ頃、同性に惹かれることは先天的な病気だからその責任を問うことができないという主張が生まれ始めました。つまり、非異性愛は病気で、それが原因で「異常」な行動をとってしまっているのだから、治療をして「正常」な異性愛者に戻そうという動きも見られるようになったのです。非異性愛者を犯罪者あるいは病人と扱う考え方が社会に根付いていったことで、多くの非異性愛者は暴力を受け、職を奪われ、家族からは追放されました（今もあります）。あるいは電気ショック療法、ホルモン療法、前頭葉の切除などの「治療」が施される、または殺されるなど、言葉では言い表せないくらいのひどい仕打ちを受けてきました。その仕打ちの対象となることで、非異性愛者はより一層「逸脱者」としてのレッテルを貼られ、人々の心の中で非異性愛者に対する偏見が強く根付いていったと考えられます。

　非異性愛が、病気や犯罪ではないとヨーロッパやアメリカで認識されるようになったのは、1970年代以降のことです。世界保健機関（WHO）が発行する国際疾病分類のリストから「同性愛」が除外されたのは、1993年のことなのです。性指向に関わらず全ての人がもつ結婚の権利が非異性愛者には長いこと与えられていませんでした。しかし現在では、ヨーロッパ諸国やアメリカにおいて、非異性愛者の結婚の権利を部分的ではありますが認めようとする動きもあります。それでも、性指向が違うという理由で、異性愛者が当然もっている権利や社会的な力をもてない、ひどいところでは、死刑をも含む刑罰の対象となる非異性愛者もまだ世界にはたくさんいます。

　非異性愛者に対する偏見や差別は、ヨーロッパやアメリカにとどまらず、明治時代から西洋化された日本にも広がっていきました。その時に、西洋で信じられていた「同性愛＝病気」という考えが日本にも導入されました。

日本では西洋のようなキリスト教的な見方から否定されることはほとんどありませんでしたが、伝統的な家族観や伝統的な男女の役割に関する価値観から、異性同士の関係を「自然」で「正しい」と規定し、非異性愛者を「変態」や「病気」と扱う考え方が社会に蔓延していったのです。広辞苑では、1991年に削除されるまで、同性愛は「同性を愛し、同性に性欲を感ずる異常性欲の一種」と記述されていました。1993年にWHOが同性愛を疾病リストから外したことを受け、1994年に現在の文部科学省が、指導書の性非行のリストから同性愛を外し、1995年には日本精神神経学会がWHOの見解を尊重すると表明しました。私がこれまでインタビューをした人の中には、自分が同性に惹かれることに気付き、その答えを探している時に、上に書かれている広辞苑の記述を見て「自分は病気なんだ、おかしいんだ」と思ったと話す人がいました。

　このように、異性愛者や異性間の性行為が「正常」という基準が設けられ、それ以外の性愛の在り方が「異常」として格付けされ、病気や犯罪とみなされました。そして、「逸脱者」のレッテルが貼られ、否定され、非異性愛者への嫌悪感が駆り立てられてきました。「異性愛者＝正常」という考えが、制度や社会の中で当然のこととされ、バイアスとして根付き、家族、教育、メディア、コミュニティの中にどんどん浸透していき、差別を正当化してきたのです。そして、今も非異性愛者に対するバイアスや差別は、多くの社会にまだ強く根付いていると言えるでしょう。

　そのような社会で、自分が非異性愛者と気付いた人はどうなるでしょうか。自分に対しても嫌悪感を抱いてしまう場合も少なくありません。今もなお、自分の性指向を認められず、苦しみ、誰にも言えず孤独に感じ、孤立してしまう人は多いと考えられます。もし自分で自分の性指向を認知したとしても、他の人にカミングアウトできないと考える当事者も多くいます。なぜなら、カミングアウトをきっかけに、それを伝えた相手から否定されたり、暴力を受けたり、差別的発言や扱いをされたりするかもしれな

いという恐怖が常に付きまとうためです。それは、本当の自分を偽り続けて生きていくという選択を迫られることになります。性指向は、見て分かるものではありません。しかし、その情報を伝えたことで、相手に偏見の目で見られ、ネガティブな態度をとられた経験をもつ当事者は多くいます。実際に、カミングアウトして差別や暴力（身体、言葉など多岐にわたる暴力）を受けた当事者もいます。家族から拒絶され、絶縁を余儀なくされた当事者もいます。もしくは、勇気を振り絞ってカミングアウトしたのにも関わらず、まるでそれをなかったかのように扱われ、非異性愛者の存在を無視した会話が横行し、存在を否定されるような経験をしたことのある当事者も多くいます。

　そんな状況では、思い悩んだりいじめの対象となる場合も多く、非異性愛者の若者は異性愛者の若者に比べて、自殺率が高いと言われています。おとなになっても、職場での異性愛者を前提とした会話や制度を抑圧的に感じ、働きづらいと感じることから、非異性愛者の離職率は異性愛者のそれに比べても高いと言われています。そして、家族からも（異性間の）結婚をしろ、孫の顔を見せろと言われ続けることが負担となり、自分らしく生きることを諦めてしまう人もいます。このような非異性愛者に対して不寛容な社会の中で、「もっと声をあげよう」「自分らしく生きればいい」などと当事者が変わることばかりを言い、社会全体の考え方は変えないというのは、一方的で乱暴ではないでしょうか。

　非異性愛者だけではなく、差別の対象となっている当事者（被差別者）として生きていくことは、社会や制度において除外されているが故に、あらゆる権利の保障対象にされていなかったり、人から蔑視されたりといった問題に直面します。つまり、差別されるということは、他の人とスタートラインが異なる、もしくは、一人だけ障害物競走をしているような状態なのです。そこにある「障害物」は、他の人たち（社会）から与えられた問題で、その問題を解かないと、前に進めないのです。それは、他の人か

ら与えられた問題を解決するために生きろと言われていることと同じではないでしょうか。しかし、幸せに関する章でも言いましたが、幸せとは、自分が認識した問題が解決できた時に抱く感情です。他の人たちから与えられた問題を解決するための人生を歩まされているとしたら、本人の「幸せ」は軽視され、無視されていることと言えるでしょう。

　人とは違うという理由で、その違いが「差異」と捉えられ、存在しないこととして否定され、差別の対象になる。それを不公平と言わずに、何と言うのでしょうか。この本の読者の中にも、自分のもつ社会的カテゴリーが差別の対象となっている人もいるかもしれません。一方で、幸運なことにそういった対象でない人もいるでしょう。しかし、マジョリティが作った基準とは異なるという理由で差別の対象となる社会を、いい社会と呼べるのでしょうか。差別は、人と違うことを「差異」と否定的に認識されることも原因の一つです。それは、あらゆる多様性が認められない社会とも言えます。多様な生き方が認められる社会こそが、当事者・非当事者に関わらず、全ての人間にとっての生きやすい場所と言えるのではないでしょうか。だからこそ、わたしたちが違いへの捉え方を改め、また、他の人の違いを相違として理解、尊重していくことが大切なのではないでしょうか。そう考えていくと、差別は決して当事者だけの問題ではなく、解決に向けてできることをわたしたちが一人ひとり考えなければいけない問題だと言えます。

　最後に、同じ社会的カテゴリーをもつ人全てが同じ経験をすると決めつけ、経験の個人差を無視してしまうことは危険です。例えば、男性の非異性愛者なのか、女性の非異性愛者なのか、非異性愛者で障がいが有るかないかなど、どのような社会的なカテゴリーの組み合わせを持っているかによって、非異性愛者と一言で言ってもその人の経験は異なります。社会的カテゴリーの多様性だけではなく、性格や人格、これまでの経験も人によって異なります。非異性愛者であることが、まだまだ差別の対象となってい

ることを考えれば、非異性愛という性指向をもつことに共通点はあるかも
しれませんが、その経験には個人差があることを忘れてはいけません。そ
してそれは、他の社会的カテゴリーにとっても同じことが言えることは覚
えておく必要があります。

第5節　被差別者側からの声と差別者側の自己改革による
　　　　問題解決への努力

　では、差別を解決するために何ができるかということを考えていきたい
と思います。
　あらゆる差別に対しては、行政や市民団体などによる対応策が投じられ
ています。例えば、被差別者を守る法律を作ったり、差別する者を罰した
り、当事者による啓発活動をしたり、存在していることを示すために声を
あげたり、といったことです。それらは全て、差別をなくすという目標達
成に向けて提示されています。ではこれらの策は、事後対処的な「魚を与
える」方法、原因に取り組む「魚の釣り方を教える」方法、どちらでしょ
うか。両方あるとしたら、魚の釣り方を教える方法も十分になされている
かを注意してみなければいけません。また、たとえ自分が差別されていな
かったとしても、その解決を被差別者や政府など制度的な対処に頼るだけ
ではなく、自分にできることを考えることも必要です。4章の問題解決の
必要なステップのところで説明したように、差別は、その社会に住む全て
の人たちが取り組むべき問題です。わたしたちにできることは、「差別を
しない自分づくり」です。
　では、「差別をしない自分づくり」とは具体的にどういうことなのでしょ
う。「私は差別をしません」と口で言うことでしょうか。そもそも「差別
をしない」とどうして言い切れるのでしょうか。私は、「自分は差別をし
ない」と言い切るのは、1章で「自分は偏見を持っていない」と言い切る

ことと同様に、とても危険だと思います。差別があったかどうかは、こちらが決めることではなく、わたしたちの言動を受けた相手が判断することだからです。前に触れた、「マイクロアグレッション」のように、わたしたちが無自覚に差別する可能性も十分にあります。では、「私は差別をしたくありません」、とか「私はあらゆる差別を許しません」というのはどうでしょうか。そう強く思っていたとしても、マイクロアグレッションのように、結果的に差別をしてしまうこともあるかもしれません。それでも、差別に加担しないために、人を社会的カテゴリーで見ないようにし、自分のバイアスをできるだけ最小限に抑え、人がもつ「違い」を比較して格付けをやめることが大切なのではないでしょうか。それでも自身の中にある差別的な心や言動があった時には、それを反省し、直していく、その姿勢が大事だと思います。そして何より、相手を見る時には、あらゆる情報に踊らされることなく、相手がもつ能力や人格に目を向け、人間関係を築いていくことが大切なのです。その人間関係の中で、より多くの人が「幸せ」になるためには、それぞれの人が持っている能力を他の人のための問題解決のために使おうとする資質をもつことが最も重要なことなのです。そのような人が増えることで、「マジョリティの考えや価値観を基準とした社会」（3節の図）を解体していく可能性があるのではないでしょうか。

　差別の構造を見ると、循環していて、差別しない自分づくりをしても差別はなくならないと絶望的に思う人もいるかもしれません。4章でも言いましたが、制度や法律、社会をクリティカルに見ることは大切ですが、自分の態度を見直して、変えていき、自分の周りを教育し、自分の周りからよりよい環境へ整えていくことが、差別をなくすためにわたしたちができることです。教育は、教育現場だけで行われるものではなく、家族や友人、コミュニティの中でも行われるものです。子どもが周りのおとなを見て言動を覚えていくように、わたしたち一人ひとりが、違いを肯定的に認識し、バイアスをできるだけ低減して人と接し、エンパシー（empathy）をもち、

多様性を尊重する態度の広がりが続いていくことが、バイアスを持たない子どもたちの育成につながり、その先に差別のない社会が広がっていくのではないでしょうか。

　比較や格付けが差別につながることは確認しましたが、能力もまた、比較や格付けという競争の対象とすれば、差別につながってしまう可能性があります。一例をあげるとしたら、「農作物を育てられる」というのも、「パソコンを使える」というのもどちらも能力です。しかし、近代化にともない、産業活動も変化し、農業を含む第一次産業の担い手が減っています。その理由は様々ですが、「きつい」「汚い」「危険」「稼ぎがない」「結婚できない」などのバイアスともとれるネガティブな見方があります。農作物を育てることとパソコン操作の能力は異なりますが、どちらも価値があります。しかし、ある一定の価値観が持ち込まれ、比較され格付けされた途端、能力で人を認識されたとしても、差別につながります。わたしたちは USO のネットワークの中で生きていて、それぞれの人が貢献し合うことで成り立っています。その貢献を比較して格付けするのではなく、お互いに尊敬し合うことが必要です。

　繰り返しになりますが、問題を解決することで生じる幸せを、自分も、他の人も、そして社会全体でも達成しようと思ったら、人々の協力が必要です。その協力関係においては、各々の能力を自分のため、そして、他の人のために使おうという資質が重要です。そんな風に、人との関係性を築くことができれば、あなた自身の生活ももっと豊かになり、幸せが増幅すると思います。そして、それはますますグローバル化が進み、多様な人々とのコミュニケーションが欠かせない社会で生きていくためにも必要なスキルなのです。

　あなたは、「差別をしない自分づくり」ができていますか。できていないとしたら、一緒に始めてみませんか。

第6節　個人の能力や資質を基盤とした多様性の理解と尊重

　これまで、他の人をどう見るのか、という視点から、良好な関係性や差別を回避するために必要な見方について話してきました。最後に、皆さんと一緒に考えていきたいのは、自分が自分自身をどう見るのかということです。つまり、自分のアイデンティティをどのように形成していくのかということです。

　これまで非異性愛者や被差別者の生きづらさについてお話をしました。日本社会では、LGBTQ＋以外にも、被差別部落、在日朝鮮・韓国人、少数民族、ハンセン病患者、女性、障がいをもつ人など多くの社会的カテゴリーによる差別があります。被差別者やその家族は差別に立ち向かうため、自分たちの真のアイデンティティを取り戻すために闘い、活動や運動をしてきました。そういった運動や活動のおかげで、例えば今では当たり前となっていますが、女性に選挙権があったり、（一部の国や地域においては）同性同士の恋愛が異性同士のそれと同じように扱われたりなど、以前に比べて一定のマイノリティの人たちにも住みやすい社会づくりがなされてきています。もちろんそれは、ようやく対等に扱われるようになっただけかもしれません。しかしそれでも、以前より生きやすい社会があるとすれば、それは自分たちの問題や課題を他の人から与えられ、その克服に向けて当事者自身が努力してきたからだと思います。ある人は他の人から強いられた問題や課題を解くための人生を歩み、ある人は自分で問題を認識してその問題に取り組めるとしたら、その不公平はどのようにしたら消えるのでしょう。真のアイデンティティを社会的カテゴリーでのみ取り戻そうとしては、社会的カテゴリーが引き起こす問題（ステレオタイプやバイアス）と常に隣り合わせになり、カテゴリーによって人が分類（カテゴリー化）され続けるという問題は克服できません。それでは一向に、差別は解決せ

ず、協働へと導ける人間関係は築けません。人のアイデンティティは社会的カテゴリーとその人の能力や人格との二つから成っています。だとすれば、個性へとつながる能力や人格にもっと目を向けて、自分も他の人たちも認識していくことが必要ではないでしょうか。なぜなら、自身の能力や人格が尊重され、そこには他の人たちとの比較も格付けもなく、自分らしさを追求して生きていけたとしたら、それこそ、全ての人にとって生きやすい社会へとつながるからです。決して、社会的カテゴリーをアイデンティティとして認めないと主張しているわけではありません。ただ、自分のアイデンティティを構築する時や相手を見る時には、能力や人格を重要視して、その人の本質を見ようとする態度をとる必要があることを提案しているのです。

第7節　Love yourself first, then you can love others：
　　　　自分らしく生きるということ

　序章でも聞いたことですが、皆さんは自分のことが好きですか。もし、「好きじゃない」と思った人は、なぜそう思ってしまうのでしょうか。「他の人はこんなことができるのに自分はできない」「他の人はこうなのに」と、他の人と比較して、自分の価値を決めていませんか。「好きじゃない」と答えた人の中には、もしかしたら「なりたい自分はこうなのに、できないから」と思った人もいるかもしれませんが、なぜ好きじゃないと思ってしまうのでしょうか。その「なりたい自分」とは、誰かと比較したものではないかを一度確認してみてください。もし、「好きじゃない」と答えた人の中で、自分がもっと良くなりたいという向上心から言っている人がいたら、それは素晴らしいことだと思いますが、すでに頑張っている自分がいることをいったん認めてあげて、そんな自分を好きと言ってあげることはできるでしょうか。

　いずれにしても、得意なことがある自分も、苦手なことがある自分も、自分の性格も、もしかしたらマイノリティとレッテルを貼られる社会的カテゴリーを持っている自分も、全てあなた自身なのです。それは誰かと比較して良い悪いと決めるものではありません。「自分を好き」であるためには、まずはそれを受け止めてあげることから始める必要があると思います。それ自体、今の自分に満足して、向上することを拒み、努力をしないことではありません。必要に応じて、「なりたい自分」に向けて、もしくは、習得したい能力のため、自分自身を好きでいるための努力はしていくことが大切だと思います。しかし、そこで他の人と比較して劣等感や優越感を抱くこと自体、自分を大事にできていないことです。あなたはあなたです。そして、それでいいのです。それがあなたの「美しさ」です。わたしがアメリカで見つけたインテリアの中で気に入っているものがあります。そのインテリアには文字が入っていて、"be. YOU. tiful" とかいてあります。誰の言葉かは分かりませんが、"be. YOU. tiful" という音と、「美しい」を指す英語の "beautiful" が一致するのです。つまり、あなたがあなたらしくいることが美しい、ということだと思います。個人の能力や人格においていろいろな人がいることは「美しい」ことであり、様々な美しさへの理解と尊重が、多様性を理解・尊重するということなのではないでしょうか。

　では、なぜ自分のことを好きだと言える必要があるのでしょうか。序章でも紹介しましたが、私が19歳の時に聞いた言葉を思い出してみてください。"Love yourself first, then you can love others（まずは自分を愛しなさい、それから他の人を愛することができる）" です。この本では、幾度となく「他の人の幸せのため」や「貢献」の大切さを伝えてきました。しかし、他の人から幸せを与えてもらうことを待っている人は、自分の幸せと向き合えていない人であり、それでは自分を幸せにすることができません。そういう人は、他の人も幸せにできないと私は思います。まず、自分のことを愛する必要があるのです。そのためにも、まず、自分との対話

110

を大切にして、ありのままの自分を受け止めてあげてください。そして、そんな自分を大切にしてあげてください。人に好かれたい、人に愛されたいと思うなら、まずは自分がしっかりと自分のことを愛し、大事にしているかを確認してください。私は自分のことを大事にできない人は、人のことも大事にできないと思いますし、人にも大事にされないと信じています。「自分を愛しなさい」という言葉は、19歳の私にはとても衝撃的な言葉でした。小さいころから、「他の人には優しくしなさい」「他の人は大事なんだよ」ということは教えてもらっていましたが、「自分を大事にしなさい」「自分を愛しなさい」ということの重要性を教えてもらったことは圧倒的に少なかったからです。その言葉を聞いたタイミングも私にとってはとても大切だったと思います。私は、家で人形やゲームで遊ぶより体を動かす遊びの方が好きな子どもでした。一緒に遊ぶ相手はいつも男の子たちでした。もちろん子どもの頃は、性別で遊ぶ相手を選んでいたわけではなく、やりたい遊びをする人がたまたま男の子に多かったのです。しかし、周りの反応は違っていたように思います。周りのおとなから見れば、大勢いる男の子の中に女の子が一人いたので、そのことを指摘されることも多かったように記憶しています。「女なのにそんなに早く走れてすげぇな」と男の子やその親に言われたり、男の子とばかり遊ぶので「他の女の子とは違うよね」と言われたりしていました。それは「ふつう」ではなく、よくないことだと指摘されているように感じていました。少し大きくなっても、「女だから○○してはだめ」「女だから○○しなくてはだめ」といったメッセージを聞き続け、子どもながらに「なぜ女だからだめなの」といったもやもやした気持ちを抱え続けて、一方で、自分が女であることには変わりないし、しょうがないことなのだと受け入れていたのだと思います。さらに成長しても、「女なんだから、かわいくしろ」とか、冬でとても寒いためスカートの下に体操ズボンを授業中に履いていたら「女としてだらしない」と怒られたり、女性らしいふるまいをしないことが良くないこととし

て見られたりしました。自分の意思が強くなり始めた頃から、「女だから
〇〇しなさい／しちゃだめ」というメッセージだけではなく、「学生だから」
「子どもだから」と、自分がしたいことを制限するメッセージに少し息苦し
さを感じ始めました。その息苦しさは、今思えば、本当の自分や自分が
望む生き方が、私が属している社会的カテゴリーに対するイメージとずれ
ており、周りから提示されるイメージに合わせようとするけれど、なんだ
かしっくりしないことによって起きる息苦しさであり、もやもやだったの
だと思います。それだけ昔の私は、「他の人にどう思われるか」というこ
とにとても敏感で、周りの人が提示するあらゆる「らしさ」を、「自分ら
しさ」と勘違いして、迎合させようとしていたのだと思います。でも、19
歳で「自分をまず愛しなさい」と言われた時、他の人にどう思われるかを
基準にして、本当の自分を押さえつけていては自分を愛せないと気付きま
した。そして、本当の「自分らしさ」は、社会にある「らしさ」と違うし、
社会の「らしさ」に合わせず、「自分らしさ」を追求してもいいのだと励
まされたと解釈して、とてもうれしかったのです。

　そこから、自分にとって Love yourself first, then you can love others
とはどういうことなのか、本当の自分ってなんだろう、を追求する日々が
始まりました。ここ 10 年以上、この言葉が、私が生きる上での指標になっ
ていますが、いつもうまくいっているわけではないですし、今もトレーニ
ングし続けています。私にとって、自分が自分のことを大切にできていな
いと気付くきっかけは、「あれ、なんだろう。もやもやするな」という気
持ちを抱いた時です。たいていの場合、そのもやもやは、自分が置かれて
いる状況と自分の気持ちに温度差がある時に感じます。つまり、他の人の
目や考え方を気にして、そちらを優先するあまり、自分の本当の姿を見失っ
てしまう時にもやもやを感じ、苦しくなってしまうのです。私はその「も
やもや」は、自分の心の叫びだと受け取っています。だからこそ、その気
持ちを受け止め、何が原因かを探り、それを解決しようとします。それこ

そが、「幸せ」へとつながると思うからです。年齢を重ねるごとに、「自分を愛するとはどういうことか」という捉え方は徐々に変化し、その方法も異なります。自分を取り巻く環境や、自分自身も常に変化し続けているからです。しかし、その捉え方や方法は変化していても、大切なことは変わらないと思います。

　自分を愛するためには、自分を知ることが大切です。自分がどういう人間なのかをしっかりと見つめる、自分の心と対話するということです。自分と対話するとは、どういった性格を持っているのか、何が得意なのか、何が不得意なのか、どういう時に幸せに感じるのか、どういう時に苦しい・悲しいと感じるのか、どういった勉強方法や仕事方法が一番自分にとって効率よくできるかなどを知ることです。わたしたちは、相手に自分のことを分かってほしい、知ってほしいと願います。しかし、まず働きかける相手は、自分自身です。あなたは、自分のことを分かっていますか。そして、それを受け止め、受け容れ、愛せていますか。それが、自分の生き方をデザインし、自分の人生を歩んでいくということなのです。あなたの人生はあなたのものです。例え親でも近親者など、自分を愛し、よく知ってくれている相手でも、その人たちに自分の人生を決めさせてはいけません。自分で決めていくのです。その追求の中でしか、「自分らしさ」は見つからないと私は思います。

　自分を愛し、自分の人生を歩くということは、自己中心的であることが許されるということではありません。わたしたちは誰一人として、一人で生きていくことはできません。他の人を故意的に傷つけたり、自分の幸せを他の人の不幸せの上で成り立たせたりすることは、自分を大切にしているとは言えません。なぜなら、自分の幸せは他の人のおかげで成り立っているのにもかかわらず、それに感謝できず、むしろ相手を苦しめているとしたら、あなたはどんどん孤立していきます。それは、自分で自分の首を絞めていることと同じです。だからこそ、「自分らしさ」は、多様性を形

成する大切な「自分」として理解されるべきですし、自分の「自分らしさ」は他の人の「自分らしさ」と同じだけ大切であることも認識されるべきです。つまり、自分が「自分らしく」生きるために、他の誰かの「自分らしさ」を否定しないことが大切だということです。誰かを否定することは、自分を否定することと同じだからです。そして、自分の能力を基盤とした「自分らしさ」を、他の人の幸せのために使える資質を持つことが大切です。それこそが貢献です。そして、他の人の幸せへの貢献は、あなたの幸せにもつながります。自分を知る（Know yourself）、自分を愛する（Love yourself）ことができたら、次は「自分と他の人を尊敬（Respect yourself and others）」してほしいと思います。そうすることで、他の人たちからも尊敬されるようになるかもしれません (then others may respect you)。これは、他の人に尊敬されるために、何かをするのではなく、自分らしさを自他の貢献のために使っていけば、その結果、尊敬の対象となりうるということです。

　私は「自分を好きだ」と自信を持って言える人がもっと多くなってほしいと願っています。それは、そこができて初めて、他の人のために何かできる自分づくりができると思うからです。改めて言います。あなたがあなたらしいから美しいのです。そして、あなたの人生はあなたのものです。あなたはどんな風に自分の人生を歩んでいきますか。

　皆さんが、自分なりに自分を愛する方法を見つけられることを心から願っています。

第 6 章

多様な人々と生きていくために守るべき基本的な倫理の理解と実践

116

これまでの章で、多様な人々がすでに存在しているという事実、そして、社会的カテゴリーにおける多様性はもちろん、人を見る時に個々人のもつ能力や人格における多様性を重要視し、相手を理解したり尊敬したりすることの大切さをお話ししてきました。そして、多様性を理解・尊重するためには、比較や格付けをしないことの大切さもお話しました。なぜなら、その比較や格付けのために使われている基準には、マジョリティの価値観が基準となったステレオタイプやバイアスが含まれていることが多く、差別を引き起こしてしまうからです。

では、「多様性の理解・尊重」とは、あらゆる特性の違いを、全て理解し、受け容れることなのでしょうか。つまり、相手を殺したり、犯したり、盗んだりすることも、「多様性」なのでしょうか。マジョリティやマイノリティに関わらず全ての人が共通してもつべき「基準」はないのでしょうか。この章では、多様な人々が互いに USO というネットワークの中で生かされている現実の中で、その多様性が理解・尊重されるために絶対忘れてはならない「基準」についてお話しします。

第1節 「殺さない、犯さない、盗まない」、そして、「差別しない」

多様性が理解・尊重されるために地球上にいる全ての人が共通して持っていなければいけない基準は、「基本的倫理」です。基本的倫理とは、「殺さない」「犯さない」「盗まない」ということです。基本的倫理ができた背景については次節で詳しくお話ししますが、基本的倫理が大切な理由は、多様性の理解・尊重されるためには、全ての人が「生きている」ことが尊重されていないと達成されないからです。全ての人の命の大切さに差はありません。ただ、単に生きているだけではなく、「尊厳が守られている」ということも重要です。尊厳とは、その人の命の重みや人間として生きていくということが尊重されているということを意味しています。

「殺さない」という基本的倫理には、命の価値が尊重されています。そこには、どんな社会的カテゴリーに属しているかということで、人の命の重さが変わることは決してありません。「犯さない」という基本的倫理には、尊厳が守られることの徹底を意味しています。犯すという行為の中には、心も体も傷つけその人が生きる希望を失ってしまう行為を強いるレイプが含まれますが、それ以外にも、相手の人としての尊厳を奪う行為全般を指します。「盗まない」という基本的倫理には、誰かから何かを奪うことで自分を満足させようとする自己中心的な考えを否定する考えが前提になっていると考えられます。なぜなら、USOのネットワークで生きるわたしたちは、自己中心的に考え、他の人の不幸せの上に自分の幸せを成り立たせることはできないためです。

　自分以外に誰もいない場所に住んでいれば、基本的倫理さえ必要ないかもしれません。しかし、わたしたちはこの地球上で、大勢の他人と暮らしています。その状況でわたしたちが生きていくためには、この基本的倫理を守っていない人をも「多様性」のうちとして受け容れることはできません。「差別をしない」は、基本的倫理の一つとして言われることは少ないかもしれませんが、差別が人を殺し、犯し、尊厳を奪い、それがマジョリティの考え方を基準とした社会の価値観の中で正当化されると考えれば、「差別をしない」も基本的倫理として守られるべきと言えるでしょう。被差別者は、人間として扱われなかったり、社会にいない存在とされたり、暴力を振るわれたりしているからです。5章でもお話しましたが、「差別しない」と本人が思っていても、結果的に相手が「差別をされた」と感じることもあるでしょう。無自覚だったから許されるというわけでもありませんが、この場合は基本的倫理に反していると言い切ることはできません。ただ、反感や嫌悪（アンチパシー）の感情に突き動かされた行動に見られるように、意図的に相手を差別しているとしたらそれは倫理に反していることになるでしょう。

第２節　基本的倫理はどのように作られ、広まったのか

　では、基本的倫理がどうして必要なのでしょうか。

　人類が他の動物と大きく違っているところがあるとすれば、それは、一人では決して強くはないのに、集団を形成し、力を増強する道具を使用することによって、自分たちの生命を維持し、生活を安定させてきたところにあるのではないでしょうか。集団が形成される時、集団の中の一人でいることで安定や安心を得られ、その結果、集団への帰属意識が高まり、構成員同士の結束がより強くなります。この、集団内における安心と安定の保証こそ基本的倫理が作られた理由だと思います。集団に属している人たちは、自分たちの仲間に命を奪われたり、大切なものを盗まれたり、貶められたり、辱められたりすることはないと感じることで、安心で安定した生活を送ることができるからです。もし「殺さない」「盗まない」「犯さない」ということが人々の行動規範となっている社会であれば、それは理想的な社会と言えるのではないでしょうか。

　しかし、現在、世界中で起きていることに目を向けてみると、この基準を守れていないことを象徴するような出来事が次から次へと起きていることに気付きます。人の命を奪い、ものを盗み、尊厳を犯すようなことがたくさん起き、社会の安定や安心が脅かされています。そのために、基本的な倫理を守らないものに対して、集団として厳しい刑罰を設ける場合が多く、それが現在の刑法の基盤となっていると考えられています。ここで大切なことは、守らなければ法律によって罰せられるという恐れから守るのであれば、それは倫理ではないということです。倫理とは、人々が自発的に自らの考えや言動をコントロールすることを前提としていて、決して、命じられているから従うといった類いのものではないはずです。また、法律によって規定できるケースの数や種類には限界があり、そのことが、法

律で禁止されていないことに関しては、悪いことでも受け入れざるを得ないという、非常に矛盾した状況を作り出しています。女の子が義父によって性的な暴行をされた事件に対して、女の子に「抵抗する余地はあった」という理由で、義父が無罪となった 2019 年名古屋地方裁判所の岡崎支部の判決は、法律的には妥当でも、倫理的には納得のできるものではありません（その後、2020 年 3 月 12 日、名古屋高裁は地裁の判決を破棄し、義父に対して懲役 10 年を言い渡しました）。また、集団内における安心と安定を保証する基本的倫理であるにも関わらず、集団内の結束を高めるために、力を持たないマイノリティの人たちに対する蔑視や嫌悪となり、差別や、追い出し、ひいては殺害まで起きるケースも見られます。例えば、ミャンマーという国でロヒンギャという少数民族が迫害を受けています。仏教社会にいる少数派のイスラム教徒であるという理由で、殺戮、強姦、略奪の対象とされ、かれらの多くが、隣国のバングラディシュへの逃亡を余儀なくされています。この件で、非常に悲しく、虚しく感じるのは、仏教という宗教の本来の教えでは、「殺さない」「犯さない」「盗まない」といった基本的倫理が徹底されていて、その信者たちがこのような行動を起こすことはあり得ないはずだからです。また、「文化」や「伝統」の名のもとで、ある社会的カテゴリーの人を殺すことが許されている社会もあります。非異性愛者の人たちがその例です。ある国では、非異性愛者であるという理由だけで、捕まり、死刑を含む刑罰の対象となっています。そういったケースからは、文化や伝統が基本的倫理よりも大切であるというメッセージが送られています。しかし、基本的倫理を犯すような文化や伝統は本当に必要なのかもう一度考えてみる必要があるのではないでしょうか。

　基本的倫理は、何かの教えや法律のゆえに守るものではなく、社会において他の人たちと共存して、安心と安定を得るために不可欠な基準として、全ての人たちが当然のごとくもち合わせていなければならないものなのです。

第3節　基本的倫理の徹底

　では、どうすれば基本的倫理が徹底されるのでしょうか。法律を強化して、違反者に対する罰則を重くすることだけではないはずです。自分の仲間内だけの倫理として機能すればよいだけのものではないはずです。それこそ、人間社会全体にとって、絶対に必要な普遍的な基準として、わたしたち一人ひとりが自発的に取り入れ、活用すべきものなのです。そうなれば、自分の属している集団、例えば国家が、戦争などで人の命を奪おうとしていることに対して、明確に反対を唱えることができますし、ものを盗んだり、他の人たちの尊厳を侵したりする人たちに対しても、しっかりと対処ができるはずです。

　人間は、言葉の動物だと言われています。ただ、言葉の動物であるからこそ、言葉と行動が一致していることが必要なのではないでしょうか。言葉では基本的倫理の重要性を訴えながら、法律や教えだけにその普及を委ねてしまってはいないでしょうか。まずは、わたしたち一人ひとりが、自らの意思と決断で、基本的倫理を自分に根付かせて、それに基づいた行動をすることが基本だと考えます。そんな人たちがどんどんと増えることで、最終的には、基本的倫理が尊ばれ、実践される、安心で安定した社会づくりが可能になると信じています。全ての人たちにとって必要な変化があるとすれば、まずは、自分を積極的に変えていくことだと思います。多様性を理解・尊重し、全ての人が自分の「幸せ」を追求できるよりよい社会を創るためにも、「基本的倫理が徹底される社会」ではなく、「基本的倫理を徹底する自分」という考え方が重要です。

第 7 章

教育はなぜ必要か

皆さんは、3、4歳の頃から保育園や幼稚園へ通い始めて、小学校、中学校、高校と随分と長い間、学校に通ってきていますね。「どうして？」と聴かれれば、きっと「教育を受けるため」と答える人達が多いと思います。では、「教育はなぜ必要なのか」と聞かれたら、どんな風に答えますか。「いろんなことを知るため」、「将来の仕事の準備のため」、「友達を作るため」、「視野を広げるため」など、様々な答えが出てくると思います。15年という長い年月、大学などを加えれば、20年近くの長い年月は、皆さんの人生の4分の1近くになります。「教育からなにを得るのか」をしっかりと分かっていれば、この長い時間がとても有意義な時間となるはずです。

第1節　基本的倫理の教育の必要性

教育がわたしたちにとって不可欠である理由は、わたしたちが社会で共同生活をしているからだと言えます。自分一人だけで生きているなら、好きなことだけをしていればいいのですが、それでは、自分の命や生活を支えるものを十分に手に入れることはできません。KSOとUSOの考えからも分かるように、わたしたちは、他の人々と一緒に暮らし、つながっていくことで自分たちの命や生活を保っています。皆で暮らすということは、いろいろな考えや能力、資質や人格をもった人たちが交わるということですので、当然のごとく、どのようにして皆が問題なく一緒に暮らし、まとまっていくかが一番大切な課題です。多様な人たちの共同や協働を可能にするために、個々の能力を高めるとともに、共通の信念や価値を共に暮らす人たちと共有することが必要となり、それを社会に具現化するために教育があると考えられています。

皆で暮らすためには、いくつかの基本的なルールが徹底されなければなりません。それは、第6章で述べた、基本的倫理と呼ばれているものです。

「殺さない」「盗まない」「犯さない」という倫理は、共同生活には不可欠のものです。ですから、当然、教育はそのことを徹底することを最重要な目的としていなければならないはずです。

　しかし、前章でも述べたように、わたしたちの社会の現実を見て、基本的倫理が徹底して守られていると言い切れる人はどれだけいるでしょうか。高等教育を受け、知識や技術も非常に豊かな人たちがたくさんいるのですが、社会は殺人、強盗、窃盗、詐欺、強姦、ハラスメントなどのニュースで満ち溢れていて、基本的倫理が欠如しているようにすら感じてしまいます。一体、教育に何が起こっているのでしょうか。

第2節　制度になってしまった教育

　現代の教育は学校に行くことや進学することが目的になっていると感じる人が多いのではないでしょうか。決まった科目を決まった形で勉強し、試験という決まった評価を受けて学力によってランク付けされることが当たり前のように行われています。このことを個人の視点から見れば、教育が、個々人の相違に関係なく、一定の基準で個人を評価することを重視していることで、個人は自分に対する評価を上げることのみに集中するようになります。学校で学んだことは、あくまでも試験の点数を上げてランクを上げ、より良い大学に入り、より良い会社に就職するためという個人的な業績のために用いられてしまいます。学んだことを利用してより良い社会や世界を作り、人々の幸福の増進に貢献しようと言った考え方がかすんできているようにも感じます。たとえば、英語の学習に関しても、基準テストでより高い点数を取ることが目的とされ、自分の能力を用いた貢献を実現するための、コミュニケーションの道具としての習得がおろそかにされているように感じます。そして、この個人還元の風潮が生徒や学生間の競争をあおり、「できる子」と「できない子」の区別がつけられ、いじめ

や差別の一因ともなっているようです。また、わたしたち一人ひとりは各々得意なものや好きなものがあり、それを追求することでより楽しく充実した人生を送れるはずなのですが、教育の評価基準とされている分野だけが強調されているために、それが理由となって「できない子」というレッテルを貼られると、意味のない劣等感にずっとさいなまれかねません。このように、一定の基準による評価を基盤とし制度化した教育は、教育自体の社会に対する貢献を揺るがしている様にも思えます。

　次節では、どのように学ぶかに関してお話をしますが、その前に、私（川西）のインド工科大学での体験を紹介することで、教育の本質に関して一緒に考えてみたいと思います。私は6年前から、毎夏、インド工科大学ガンディナガール校で講義をさせてもらっています。日本事情と多様性研究という科目を集中講義として教えていますが、最初の年に忘れられない感激する出来事があり、それから毎年インドへ行くことが、私にとっては教育者としての姿勢を正すカンフル剤になっています。

　2014年の夏、日本から20時間近くかけてインドのガンディナガールに到着して、翌日の夕方7時から90分の講義がありました（昼間は暑すぎるので授業はありませんでした）。教室に行くと40人しか履修者がいないはずのクラスに、立ち見を含めて80名近い学生が静かに私を待っていました。立っている学生たちからは、日本のことを学べる機会は他にはないので、ぜひ聴講させてくれと言われ、「90分ずっと立っていることになるけれど」と言っても、「それでも構わない」と言うのです。講義は、学生に考えさせて進めるという独自のアクティブラーニングを多用したものを用意していたのですが、実際の講義では、授業時間の半分以上は学生たちの真剣な質問に答えるという形になりました。授業後に教室のある新キャンパスから客員教員の寮がある旧キャンパスへのシャトルバスの最終便の時間まで30分ほどあったのですが、学生たちは列を作って、次々に質問をしてきました。講義内容についての質問だけではなく、日本における安

全、衛生、教育、豊かさ、便利さなど多岐に渡る質問がありました。シャトルバスの時間が近づいてきたので、皆にさようならを言って停留所に向かった時に、なんと多くの学生がついてきて、私と一緒にバスに乗り込んだのです。以下は、その時の会話です。

川西：どうしてシャトルバスに乗ってきたの？　旧キャンパスの近くで食事でもするんですか？

学生：いいえ、もっと質問があるので、バスの中で話をしたいんです。

川西：悪いんだけれど、昨日インドについたばかりなので、とても疲れているんだ。ところで、皆どうしてそんなに真剣なんだい？

（その学生は，シャトルの後ろに乗っている他の学生たちと何か話をして、また私の席に戻ってきました。）

学生：皆と話し合って、先生には迷惑をかけますが、やはり質問をしたいということになりました。わたしたちは、自分たちの社会を良くして、より多くの人たちを幸せにしたいと考えています。それがわたしたちの学ぶ目的です。自分たちが知る限りでは、日本は理想的な素晴らしい社会です。日本の先生による初めての講義の機会を最大限に利用するために、できるだけ多くの質問をしたいのです。

　この説明を聞いた時、私は、大きなハンマーで頭をなぐられたような衝撃を受けました。それまで40年近く、大学で教鞭をとっていましたが、大学教育の意義をしっかりと考える機会を持てていなかった自分に気がつき、社会を良くするため、人の幸せのために学んでいる大学生を心から尊敬しました。それから、毎晩シャトルバス内での質疑応答が続きました。

　インド工科大学といえば、入学倍率が数百倍になる世界で最難関の大学であること、卒業生は世界の有名IT企業に初任給数千万円で就職する者も少なくないことなどは以前から知っていましたが、かれらのほとんどが

インド社会のカースト制の下2層（バイシャとスードラ）の出身で、貧しい生活の中で様々な問題に直面する若年期を過ごし、その中で蓄積した強い問題意識が、かれらを問題解決に向けての真剣な学習へと駆り立てていることが初めて分かりました。もともと、インド工科大学はインド社会において差別を制度化しているカースト制を消し去るために、インドの独立後間もなく作られた大学システムでした。通常なら教育機会に恵まれないカースト下層の優秀な若者に最高級の教育を与えて、かれらがインド社会の発展のリーダーとなることによってカースト制を無力化しようという理念に基づいて作られました。構想から60年以上経った今でも、その理念は学生一人ひとりにしっかりと見て取れました。かれらは、自分たちの学力を誇ろうと思えばどれだけでもできるはずなのですが、自己還元だけのために学ぶことはせずに、社会や他の人たちへの貢献のためという目的意識を持って学んでいるのです。

　決して、インドと日本の教育を比較して優劣をつけるためにインド工科大学での経験を紹介したわけではありません。ただ、皆さんにも、教育は何のためにあるのかを考えていただきたかったのです。

第3節　「暗記」ではなく「気付き」

　これまでの教育における学びのスタイルを考えてみれば、授業で教えられたことを全て理解して、しっかりと記憶に留めること、つまり暗記することが中心になってきたようです。「なぜ、そんなことを学ぶ必要があるか」なんて考えることはほとんどなく、そこには、先生が教えることをしっかりと覚えて、先生に育ててもらうという拭えない受身的な意識があったのではないでしょうか。

　わたしたち全ての人が未曾有のグローバル規模の問題の解決に協働して取り組むためにも、今求められている学びのスタイルはもっと主体的で能

動的なものであるべきなのです。新しい知識を求めて自発的に学び、自分の能力を一層高めるという姿勢を身につけ、自分がどのように全ての人たちの幸せのために貢献できるかを考えていかなければなりません。そのためには、まず、受身的な「暗記」ではなく、積極的な思考による「気付き」による学びが大切です。「なるほど、そういう事なんだ」とか「こういう事が大切なんだ」という「気付き」の連鎖が、自分の独自性をかたち作り、自分なりの貢献を社会にしていきたいという意識を高めてくれると信じています。

　ただ、この学びのスタイルは、学ぶ側の姿勢の変化だけで身につけられるものではなく、教える側の姿勢の変化も必要とされています。このことを明確に感じていただくために、私（川西）のフィンランドの小学校での体験を紹介させていただきます。

　数年前にフィンランドの小学校を訪れる機会があり、「世界で最も素晴らしい」と言われているフィンランドの教育の現場を見ることができるということで、とてもワクワクしていました。そして、小学校1年生のクラスを参観させてもらった時、最初のほんの10分間足らずで、教育の質の高さを痛感させられました。以下は、先生と生徒たちの会話です。

先生：皆、今日から小学校1年生になりましたね。皆で楽しく色んなことを学びましょうね。じゃあ、最初に皆がどれだけ算数を知っているかを確かめるわね。
（先生は黒板に「1+1=」と書いて、くすっと笑いました。すると。元気な男の子が手をあげて）
生徒：そんなの簡単だよ。答えは2だ。
先生：そうね。ちょっと簡単すぎたわね。
先生が次の質問をしようとした時、ハンナという女の子が手をあげました。

> ハンナ：先生、私は1+1は2とは限らないと思います。
>
> 先生：ハンナ、どうしてそう思うの？
>
> ハンナ：だって、お父さんとお母さんが結婚して私が生まれたから1+1は3だと思うし、今お母さんのお腹の中には私の弟がいるから、もうすぐ1+1は4になります。
>
> （先生は大きく頷いて、優しい声でクラスの皆に言いました。）
>
> 先生：ハンナ、ありがとう。皆、そうよね。1+1はいつも2ではなくて、3にも4にも、もっと大きな数にもなるのよね。とっても素敵だと思いませんか。
>
> （この後、ハンナはもちろん、全ての生徒たちが、自分の自由な発想を何のためらいもなく発表するようになり、先生は、その一つ一つを尊重して、しっかりと皆と共有していました。）

　日本では、今、講義を聴くという受け身的な学習だけではなく、生徒たちや学生たちが主体的に学んで行くアクティブラーニングが必要だということで、いろいろな学びスタイルが工夫されています。課外実習やグループ討論、マッピング（関連するアイデアや事柄のつながりを図示する）やブレーンストーミング（課題に関連する事柄を、意見や討論をせずに、できる限り書き出す）など、様々な手法が導入されていますが、導入することが目的化していて、生徒たちや学生たちが自分で考え自分で行動するという主体性が身についているかどうかは見えていないような気がしています。つまり、私がフィンランドの小学校で見たような、子ども達が、自発的に活発に意見を言えるきっかけと雰囲気を作るということはまだ十分にできていないように感じています。ハンナはたった一回の経験を通して、発言することの楽しさを感じて、今後あらゆる機会に積極的に自分の考えを述べる人として成長していくでしょう。教師が子ども達の発言を尊重することが、子ども達の一生の学習態度に影響するということが言えるので

はないでしょうか。フィンランドでの体験は、決まった答えを正解として一方的に押し付けるのではなく、生徒一人ひとりが自分なりの発想と気付きの中で学んでいるという理想的な教育そのものでした。

　皆さんも、受身的な学びから「気付き」を中心にした積極的な学びに切り替えていくために、まずは自分の考えや興味を大切にして、それを様々な人たちに分かりやすく説明し、ほかの人の考えや興味をよく聞いて理解するようにしてみてはどうでしょうか。そして、「気付き」の体験で深めてゆく中で、USO の一員として、人々の幸せにどのように貢献できるかを、ワクワクしながら考えてください。

第4節　科学技術のあり方

　今は、科学技術がどんどん進んで、すごいスピードでわたしたちの生き方が変わっている時代です。私（川西）が皆さんの年齢の頃には、スマホはもちろん、コンピューターもエアコンも、コンビニもありませんでした。記録するものは全て手書きで、全てのサービスが人の手を通して行われていました。今から見ると、「なんて不便な生活をしていたんだろう」と思われがちですが、その時代に生きていた自分はなんら不便を感じていませんでした。確かに、科学技術の発展によって、人々はより大きな力、より速い速度、より便利な生活などを手に入れましたが、その反面、それらの発展は人々の幸せの増幅のためだけではなく、今までなかった不便や不幸も作ってきてしまいました。今の時代、コンピューターに何か起これば、自分たちの生活がほとんど止まってしまい生きられないということになります。皆さんの中にも、スマホをなくした時に、自分の生活がどれだけスマホによって取り仕切られているかを痛感した人も多いと思います。

　また科学技術へのアクセスの有無が新しい形の差別を作り出していることにも気付く必要があります。例えば、「インターネットによって今の世

界はつながって動いている」と、皆さんのほとんどは信じていると思います。しかし、2017年の段階で、世界でインターネットにアクセスできているのは53％しかいないというデータも出ています。日本では93％と非常に高い数字ですが、それでも7％の人たちがインターネットのない生活をしているわけです。これは、インターネットそのものが絶対に必要だと言っているわけではなく、世の中の仕組みがインターネットを中心としたものにどんどんと作り変えられているために、インターネットへのアクセスの有無が人々の生活や人生を大きく異なったものにしていると言っているのです。例えば、オンライン授業が必要な状況にあっても、インターネットへのアクセスがなければ授業を受けることはできません。このことは、1996年にクリントン大統領の副大統領であったアル・ゴア氏が指摘して、「Digital Divide（デジタルディバイド）」という新しい差別を引き起こす要素として指摘しました。貧困、教育の欠如、高齢、障がい、地域格差などによって引き起こされる Digital Divide ですが、それが、新しい差別の要素となっていることを理解する必要があります。またインターネットでの多量の情報のやりとりが、悪意や虚偽に満ちた考えや発言を広めるために用いられることも多々あり、そのために多くの人たちが苦しめられています。

　こう言った、何かの発展によって予期せぬ問題を引き起こすことを避けるために、著者たちは、1章で説明した二つの「ソウゾウ」力を活用することを勧めています。一つ目は想像力で、自分が理想とする社会や自身のあるべき姿を、想像力を駆使して描き出します。そして、その理想的な社会や自身を実現するためには、具体的にどのようなものが必要とされていくのかを二つ目の創造力を使って具現化していくのです。この順番がとても大切です。想像力を伴わない創造力は、目的のない開発となり、単に未体験の場面や新しい問題を次々と作り出し、人々を翻弄しかねません。まず、自分の人間としての理想はどんなものか、考えてみませんか。

第5節　多様性を促進する教育

　これまで、皆さんが自分の持っている独自の興味や能力を促進すること、「気付き」という積極的な学びの姿勢を身につけることの大切さをお話しし、2つのソウゾウ力の重要性も少し紹介してきました。一人ひとりが自分の独自の能力を極限まで伸ばし、全ての人々の幸福に「貢献」するという資質をしっかりと身につけていくということが、著者たちが取り組む多様性を促進する教育（多様性教育）の目的です。5章で説明したように、個々人の特性を理解し、受容し、尊重することによる多様性こそが、全ての人たちにとってより生きやすく、より幸せを感じられる社会づくりの基盤となり、ひいてはグローバルな問題を解決するための協働の形成へとつながっていくと考えられます。そのためにも、教育の機会を学校だけに求めるのでなく、人生を通した積極的な学びの姿勢を身につけてください。もちろん、学校を軽視してはいけません。自分の姿勢を変えることで、学校で得られる知識や体験が必ず自分の成長につながっていくからです。

　この章の最後に、生前、私（川西）の父が、「教育者」になりたいと言っていた私に残してくれた言葉を紹介して締めくくりたいと思います。「教育者は『教えてやる』とか『育ててやる』とか言った態度で生徒や学生に臨んだら、必ず失敗する。お仕着せの教育には若い人たちは背を向ける。本当の教育者は、自分の積極的な学びの姿勢や社会や他の人たちへの貢献を中心とした考え方や生き方を、自信を持って生徒や学生の前で堂々と提示して、はつらつとした人生を生きている人間として自分を見せることが大切だ。そうすれば、若い人たちの何人かは、『こんな人から教わりたい』とか『こんな人間性を育みたい』と感じるはずだ。そうなれば、かれらは自ら積極的に学ぶ姿勢を保つようになる。教育とは、若い人たちが自分でどのように感じるかによって決まるものだ」。

今も、この言葉は自分の生き方の核心になっています。

第 8 章

自分を変えると世界が変わる

これまで、多様性を個々人の能力と人格として捉え、他の人の幸福への貢献という人間的資質を高めることによって、人間関係における差別の問題を克服し、グローバルな問題に対して人々が協働して取り組むための基盤を作るということを念頭に置いて、考え方やものの見方、他の人たちとの関わり方、自分や社会の変化の仕方を一緒に考えてきました。最終章では、まとめとして、著者たちが最も大切にしている「まず自分を変えよう」というメッセージの意味をもう一度、皆さんと一緒に考えてみたいと思います。

第1節　過去の出来事とその解釈

わたしたちは皆、時間を次々に消費して生きています。今過ごしている時間はあっという間に過去の時間として記録されます。そして、記録された過去の出来事は、決して変えることのできないこととして蓄積されていくのです。多くの人たちが過去のことに関心を示しているのは、起こった事自体を変えるためではなく、その解釈の仕方を変える、つまり、異なった意味づけをしようとしているのです。しかし、1章の骸骨と女性の絵が見える『All is Vanity』の例ですでにとりあげたように、わたしたちは自分の見方に基づいて意味づけをしますので、当然のごとく、同じ出来事に関しても人によっていろいろな解釈がされていきます。そしてほとんどの場合、目隠しをしてゾウを触る科学者たちのように、自分の解釈の正当性を主張して、他の人による解釈を間違いとして退けようという、無意味な対立に引き込まれてしまいます。自分の解釈を守ることは、今までしてきたことや今の物事への対処が間違っていないと主張しうる根拠にもなります。この自分の考え方への固執は、大切な新しい展開を閉ざしてしまうことが多々あります。この本が撲滅しようとしている差別に関しても、過去の偏ったものの見方によって形成されたものが、時代の変化を無視した形

でまかりとおっていることが原因となっているのです。もちろん、多様性を理解・尊重することの重要性をすでに理解されている皆さんは、あらゆる物事に多様な意味付けがされていて、それは正誤の対象ではなく、単に多くの意味合いを持っているにすぎないという受け止め方ができると思います。そして、変えることのできない過去の出来事以上に、これから自分たちが暮らしていく未来のことを真剣に考えていくべきだと感じていると思います。

第2節 「未だ来ず」という意味での未来

　著者の二人は、この本を書くに当たって、一つの希望を持っています。それは、未来の意味がその字面通り、「未だ来ていない」時代であるということにあります。それは、今信じていることやこれまでしてきたことの延長線上に未来があるのではなく、全く新しいものを構築できる可能性が常にあるということです。偏見や差別によって弱い立場にある人たちに一生苦しみを与えてしまうことは誰が考えても間違っているはずなのに、「常にあったことだから仕方がない」とか「世の中はこんなものだ」という過去に固執した強者の考え方が「ふつう」のこととして受け入れられがちです。しかし、人間として偏見や差別を克服するのだという強い意志を持って思考し行動すれば、将来的には、全ての人たちが幸せになれる新しい社会を作ることがこれからの時代には可能だと考えられるからです。

　多くの人たちが気付いていないかもしれませんが、わたしたちの今の生活の仕方や住んでいる社会そのものが過去の反省を生かした結果生じたものだといえます。150年前には、全ての子どもたちに教育を与えるという考え方はなかったのが、今では子どもたちの重要な権利として主張されています。100年前には、国が失業した人やお年寄りの面倒を見ると言う制度はなかったのが、今では政治における大切な焦点の一つとなっています。

数え上げればきりがないほど、人間は大きな変化を経験しているのです。そして何よりも、その変化を最初に引き起こす努力をした人々が存在していたということが、これからの大切な変化の可能性を信じられる理由となります。

　大きな枠組みの中で未来の話をしていますが、同じ考え方は皆さん一人ひとりの人生にも当てはまります。今までの自分や今の自分のあり方が将来を決めるのではなく、自分の未来を「未だ来ていない」素晴らしい可能性を追い求めるための新しい時代として、今から、なりたい自分に自分を変えてゆくことができるはずなのです。未来に、素晴らしい社会やなりたい自分を実現するためには、既存の知識や価値観のみに捉われるのではなく、本質的に大切なことは何かをしっかりと見据えて、新しい知識や価値観を作り上げていくことが必要です。前章の教育に関して考えた時にも触れましたが、著者たちは折に触れて二つの「ソウゾウ」力（想像力と創造力）の活用を強く勧めています。

　もちろん、想像する素晴らしい社会は、基本的倫理を徹底した社会、「殺さない」「盗まない」「犯さない」ことが当たり前の社会でなければなりません。そして段階的な創造力を駆使して、差別のない社会を実現できた時に、「差別しない」ということが基本的倫理に加えられてゆくと考えています。自分を含む全ての人たちが、偏見や差別から解き放たれて、一人ひとりのもつ可能性を最大限に生かして、ワクワクしながら共同と協働を実現してゆく社会を想像してみてください。それがわたしたちのなりたい自分、住みたい社会だと思いませんか。

第3節　グローバルリーダーとして生きる

　理想的な社会の実現には優れたリーダーシップが必要です。既存のリーダーシップのイメージでは、理想的な社会に関して優れた考えをもち他の

人たちを同じ方向に導いていく人だと思われがちです。確かに、人類が経験してきた大きな変化の多くは優れたリーダーによって実現されたものです。そして、雄弁さ、思慮深さ、大胆さなどを含むリーダーの資質に関しても十分な検討が行われていると思います。しかし、このリーダーシップのイメージは、人々をリーダーとフォロワーに分けることを前提としていて、それ自体が人間関係において優劣に基づいた新たな区別の原因となってしまいます。そして、リーダーのみが変化に対して責任のある立場ゆえに主体的なコミットをして、他の人たちはただリーダーの指揮に従うだけという受動的なコミットに終始するとすれば、リーダーは望まれる変化の実現以上に、他の人たちを導くことに大きな努力と時間を割かなければなりません。

　3章で、急速にグローバル化する社会においてわたしたちが抱えている深刻な問題の原因は、わたしたちの考え方や生き方にあるということを指摘しました。それは、わたしたち一人ひとりが自ら考え方や生き方を変えるということが、問題の解決に不可欠であるということです。問題の解決のためにどんなに優れた技術を開発しても、どんなに新しい法律や制度を作っても、わたしたち一人ひとりが正しくそれらを利用できなければ、目的が達成されることないのではないでしょうか。

　今必要とされているのは、わたしたち一人ひとりが主体的に自分を変えていくということを基盤にした、新しい形のリーダーシップです。自分の能力と人格を最大限に高め、USOのネットワークを理解して他の人たちの幸せに貢献していくことが、ひいては協働を通してのグローバルな問題の解決につながると言えます。言い換えれば、グローバル社会における新しいリーダーシップとは、わたしたち一人ひとりが全ての人々の幸福に貢献するために、自分自身をリードして自分の能力と人格を、責任をもって高めていくということにあるのです。そしてこのことは、グローバル社会においては、他の人より優れた人だけがリーダーになるのではなく、誰も

が自分を高めて皆の幸福のために主体的に自分を変える、つまり「自分自身をリードする」ことによって、全ての人がリーダーとなりうることを意味しています。自分をリードするためには、5章でもお話したように、自分のことを知り、愛することも必要です。

　二つの「ソウゾウ」力を駆使して、理想的な自分と社会を実現するために自分を積極的に変えてゆくことが、グローバル社会におけるグローバルリーダーとして自らを成長させていくことです。皆さん一人ひとりが、グローバルリーダーとなって、協働を通して、皆で世界を変えることができると信じてください。

第4節　「1」と「0」の違い

　この本では、差別のない社会を創り、協働を通してより良い未来を築いていくために必要な様々な考え方を紹介してきました。納得のいく部分とそうでない部分もあったかと思います。ただ、納得しても思考だけにとどめておいては、現実に大切な変化は生じません。

　これまで数多くの講演をしてきましたが、その中で生徒に必ず伝えることがあります。それは、1と0の違いについてです。数学的には、二つの数字の差は1ということになりますが、社会的に見ると、「0」は「何も起こって来なかったし、今からも何も起こらない」という変化のない状態を示し、「1」の後には「何かが引き起こされ、これからもっと大きな展開になる可能性がある」、つまり、誰かが「1！」とコールすることによって、その後に続く無限に広がる数字へとつながる可能性が生じるということです。「1」がなければ、他の全ての数字が存在しないとすれば、わたしたち一人ひとりが、他の人たちの努力の成果を待って、それに従うのではなく、素晴らしい社会を創り上げるために、まず自らを主体的に変化させ、社会に積極的に貢献してゆく「1」になることが重要だと考えます。1章でも

紹介したように、マハトマ・ガンジーは「世界に変化を見たいなら、まず
は自分が変わりなさい」と言っています。著者の二人は、きっと皆さんが
「1」となって、素晴らしい社会を実現する原動力になれると信じています。
その願いを込めて、著者二人が多くの講演で使用している結びの言葉を紹
介します。

「あなたたちを待っている未来はない。未来はあなたたちによって創られ
るのを待っているのだ。その意味で、あなたたちは未来そのものだという
ことを忘れないでください」。

おわりに

　この本は、差別をなくし、より多くの人の「幸せ」が達成される社会づくりを目指して書かれました。より多くの人の「幸せ」を達成するためには、協力して社会にある問題を解決することが求められますが、現状では、差別により人々が分断され、協働する基盤が形成されていません。そのために、様々な社会的カテゴリーの「多様性」の尊重に先立ち、個人の様々な能力や人格の「多様性」の尊重が必要であることを説明してきました。それは、社会的なカテゴリーが差別へとつながり、それが、社会の中で再生産されてきた歴史があるからです。社会にある不平等や差別は、誰かを不平等に扱おうとか差別しようといった意思のない人でも、社会生活の中で無意識に加担してしまう可能性をもっています。なぜなら、バイアスが、メディアや慣習などの文化や、政治や教育といった制度の中にまで浸透してしまっているからです。だからと言ってここで、「これはしょうがない」とあきらめてはいけません。社会を形成しているわたしたち一人ひとりが、それを是正し、変えていく努力が求められています。なぜなら全ての人は「幸せ」になりたいと願って生きているからです。また、USO と KSO のネットワークによって生きているという事実があり、わたしたちは一人では生きてはいけません。違いを差異としてネガティブに捉えるのではなく、相違として捉えて尊重できることが社会の「ふつう」になっていくことで、より多くの人が生きやすくなります。違いを前向きに捉えられることは、自分の持っている違いも相違として捉えることを意味し、人と比較して「自分を愛せない」と答えた人が、自分を愛せるきっかけをくれるでしょう。自分が人への貢献をするためには、まずは自分を知り（Know yourself first）、愛することです（Love yourself first, then you can love others）。それは、「自分らしさ」を形成していく上で、大切なことです。

142

　今（2020年4月）は、一人ひとりが「自分を変える」ことが特に強く求められている時だと言えます。新型コロナウイルスの発生と拡大により、世界や社会の変化はこれまで以上に急速に進みました。新型コロナウイルスの感染拡大防止のため、世界各地で出入国制限がされ、多くのビジネスが休業を余儀なくされ、学校が休校となり、医療崩壊を防止するため外出制限が出され、「ソーシャルディスタンス」をとることの必要性が強く唱えられたのは周知の事実です。また、感染者や医療従事者、その家族への差別も多く見られ、わたしたち人間としての質がこのウイルスによって試されています。他にも、新型コロナウイルスの感染拡大によって、家庭内暴力（DV）の被害者や障がいをもつ人、シングルマザー、非正規労働者、外国人、セクシャルマイノリティ、貧困層の人など、これまでも社会的なマイノリティとして弱い立場であった人たちに大きなしわ寄せが行き、より弱い立場へと追いやられています。こういった未曾有の変化の中で、これまでの価値観や習慣が大きく変化しています。この本では、コミュニケーションの重要性やより良い人間関係の築き方についても話してきましたが、今は物理的な人との距離を保つことが感染拡大防止のために求められているので、これまでとは違った方法や手段でコミュニケーションを取ることが余儀なくされています。

　しかし、物理的な分断を余儀なくされる今だからこそ、この本で伝えてきた、メッセージを今一度思い出してほしいと思います（キーワードを太字にして一緒に見ていきましょう）。

　このような状況では、自分も他者の人も愛し、尊重し、自分にできることを実践していくことが以前にも増して求められています。なぜなら、このウイルスとの戦いを勝ち抜くためには、人間同士の争いではなく、より**良い人間関係を構築**（差別をなくす）し、**協働**していくことが必要だからです。そして、このウイルスへの勝利は、全世界の人々が抱えている不安という「**問題**」の**解決**になり、わたしたちの「**幸せ**」へとつながる可能性

おわりに

を持っています（2章）。

　今世界に必要なのは、相手へのヘイト（アンチパシー）ではなく、**相手の身になって考え（エンパシー）**、その感情に突き動かされる行動です（4章3節）。また、一定の人種や国籍や職業の人々への**バイアス**（1章5節）が、新型コロナウイルスの感染を理由として、差別することを正当化しています。今回に限ったことではありませんが、あらゆる情報が飛び交い、その中には「フェイクニュース」と呼ばれるものも多く存在します。あたかも、「ふつう」や「あたりまえ」といった様相ですが、自分が自分の意見として取り上げる前に、もしくは、行動する前に、**クリティカル思考**（1章5節）を使って、「これって本当？」と自問したり、これまでの習慣や価値観にもクリティカルに見直したりする必要があります。クリティカル思考を使う際には、ロジカル思考と一緒に使う必要があります。新型コロナウイルスの感染拡大がこのような猛威をふるうことが分かっていなかった頃は、それを軽視する傾向もありましたが、「**積み上げ型ロジカル思考**」（1章4節）を使うと、感染拡大が原因で生じているあらゆる問題が見えてきます。感染を止めなければ、次から次へと問題が連鎖して起ってしまい、感染拡大を直ちに止める必要性が強く感じられます。一方で、問題の解決には、問題の**原因を追究**する必要があります。そのためには、「**逆行型ロジカル思考**」（1章4節）が使えるでしょう。今求められるのは、特定の人や国を非難するための使わる原因追及ではなく、それぞれの人が担う役割を全うするために必要になる感染拡大の原因を見極めることではないでしょうか。あらゆる方法を用いて問題の解決が目指されるべきですが、その時には、「**魚を与える**」方法に加え、「**魚の釣り方を教える**」方法も同時並行的に取り組むことが求められています（4章1節）。そのためにも、「**ゾウと目隠しした科学者**」（1章2節）の比喩で見てきたように、多角的な視野から現社会や世界を見ることが必要です。それぞれの部分、つまり、社会（ゾウ）を形成する組織やわたしたち一人ひとりが、自分にできることをすること

で社会が成り立っているという認識をもつことが大切だと言えます。新型コロナウイルスの感染は、**グローバル社会**（3章）であるがゆえに一気に世界中に拡大したことも理解できます。今こそ、一人ひとりが「**グローバル・アイズ**」（3章4節）を持ち、自分の行動がグローバル全体に与える影響を認識し、行動をとることが求められます。

　また、「自粛生活」を通して、食べ物を生産してくれる人たち、それをわたしたちのところに運送してくれる人たち、感染のリスクを抱えながら最前線で働いてくれる医療従事者など、多くの人がわたしたちの生活を支えてくれていることをより強く痛感し、まさに **USO のネットワーク**（1章3節）の中で生きていることを実感させられます。その人たちへの感謝と敬意をもつと共に、全世界の人々を苦しめる新型コロナウイルスに打ち勝つためには、自分にできることをして、全ての人が一緒になってこの問題を解決していくことが求められています。一方で、直接コンタクトのとれる名前の知っている大切な他人（**KSO**）（1章3節）の存在は、孤立しやすいこの状況を支える大切な存在として認識している人も多いのではないでしょうか。

　感染者数やそれによる死者数が毎日ニュースで流れます。死者や感染者を減らすということはもちろん大切です。しかし、感染した人や亡くなった人は数字上の一人として扱われますが、その人たち一人ひとりには名前もあり、これまでの人生もあり、家族や友人など愛する人たちもいることでしょう。数でまとめると、その個人の顔が見えづらくなります。その状況はまさに、社会的カテゴリーでひとまとめに見られる問題点と類似しているのではないでしょうか。

　そして、休校やオンラインによる授業に切り替えざるを得なくなって、これまで通りの教育ができない全ての教育機関は、新型コロナウイルスの感染の収束後、既存の教育環境の復元を目標とするのではなく、全人類が危機に直面したことによって得た大切な経験や知識を今後の教育に活かす

おわりに

ことを目標とすべきです。一人ひとりの人間や社会の抱えている脆弱性や問題点の理解だけではなく、個人が責任のある行動をとって協働することで問題の解決が可能となったという貴重な体験を今後の教育に組み込むことで、人間性と社会性の成長に貢献できる教育を実現することを目標とすべき（7章）ではないでしょうか。

新型コロナウイルスが無事収束した時、これまでの社会とは違った社会がそこにあることでしょう。皆さんはどうなっていると思いますか。ネガティブな要素も多いかもしれません。

そして、5年後、10年後、50年後、皆さんはどんな社会になっていてほしいでしょうか。「未来」とは、その文字が示す通り、「未だ来ていない時間」のことです。「**二つのソウゾウ力（想像力と創造力）**」（1章1節）を使って、より良い未来を思い描き、その実現のために行動しましょう。皆さんが「**自分を変える**」（8章）ことで、未来を切り開いていく力になると信じてください。なぜなら、この本を読んでくれている皆さんが、「**未来**」そのものだからです。

この本が、皆さんが理想的な自分づくりと理想的な社会づくりに向けての大切な第一歩を踏み出すための何らかのきっかけとなり、皆さんの「幸せ」に少しでも貢献できることを心から願っています。

あとがき

　この本の出版は、40年間以上グローバル教育の創造と普及に取り組んできた自分にとって、一つの大切な目標でした。1977年にアメリカのジョージア大学の政治学部大学院に入学して、当時の大統領であったカーター氏の提唱で設立された地球問題研究所のジュニア研究員に選ばれた時に、自分の人生の課題として設定したのが、より良いグローバル社会を構築するための新しい教育、「グローバル教育」の開発でした。その当時は、どこでグローバル教育の重要性を訴えても、既存の国際教育の枠組み内で理解されてしまい、国益の対立の中で忘れ去られている個々人の本当の幸せを追求するために、一人ひとりの人間が主体的に新しい社会づくりに貢献して行けるグローバルな視点の教育ということを理解してもらえませんでした。その当時、グローバル教育の最重要な思想的支柱の一つとして、差別を根絶しうる「多様性教育」を設定し、その研究に打ち込もうとしていました。しかし、社会的なカテゴリーにおいて、いわゆる強者（男、高学歴、高収入）に属している自分が差別の根絶を説いて、果たして説得力のある研究となるのかという戸惑いが生じて、「多様性教育」の研究は長い間棚上げとなっていました。その後、「グローバル教育」のフロンティアとして、独特の教授法やカリキュラムの普及に取り組み、多くの日米の大学や小中高の学校への「グローバル教育」の導入を、セミナー、ワークショップ、講演、評議員会などを通して行っていました。ジョージア大学での研究所の後は、ハワイの大学に移って、そこで教務副学長、学長としてグローバル教育の理念に基づいた教育を展開し、アメリカの教育関連の委員会から非常に高い評価を得ることができました。国益によって生じる問題ではなく、人と人とのつながり、人と環境とのつながりという、人に焦点を当てたグローバル教育のメッセージは、時代の展開とともに、より

好意的に捉えられるようになり、「競争・共同・協働の比較」「USO」「積み上げ型ロジカル思考・逆行型ロジカル思考」「問題解決による幸せの獲得」などの自分の考え方がより多くの人達に受け入れられるようになりました。

　2009年に長期の渡米を終えて帰国して、石川県の北陸先端科学技術大学院大学で教授と主に国際担当の役職員として仕事をすることになり、メインキャンパスでは50％近くが留学生というグローバルな環境の中で、グローバルコミュニケーションセンター長としてグローバル教育のさらなる展開に挑戦してきました。そして、2016年に、以前ハワイで私のゼミの学生であった元山先生がセンターに入所してくださって、マイノリティ研究を通して培った深遠な知見に触れたことで、棚上げしていた「多様性教育」の再稼働が可能となり、二人で全国と世界に向けてその普及を展開することができました。大学や大学院での活動に加えて、日本全国の多くの高校で数日間の集中プログラムを通して「多様性とグローバルリーダーシップ」に関して、一人ひとりの思考や行動に自分で大切な変化を起こすための考え方を伝えてきました。この本は、著者二人が高校生に伝えてきたこと、伝えたいことを基盤として書かれています。読者の皆さん、一人ひとりがより良いグローバル社会を構築できるグローバルリーダーとして活躍されてゆくことを心から期待しています。(川西俊吾)

　今思えば、私は幼少期の頃から「差別」に関心を抱いたように思います。迫害を受けるネイティブアメリカンの写真を親に見せられ、その人たちの存在を知った時、「なんでこの人らはそんな目に合わなあかんの？」「なんか悪いことしたん？」と素朴な疑問を抱き、「そんなんおかしいやん」と感じたことを覚えています。しかし、思春期の頃は、「いじめや差別はなくならない」と諦める気持ちと、「でもやっぱりおかしいやん」といった考えの二つを持っていましたが、「おかしい」と言うことは「かっこ悪いこと」だと認識していたと思います。

148

　そんな私が差別をなくすための研究をしようと思い、この本を書くきっかけとなったのは、大学で出会った２つの科目でした。社会学と女性学（最近は、ジェンダー論ともいわれますが、当時は、Women's Studies という科目でした）です。

　社会学は、あらゆる社会問題の原因を社会に求めます。例えば、学生生活では「いじめの問題」もありましたが、それを考える時は「いじめる人が悪い」とか「いじめられる人が悪い」とか、個人の問題と捉えて考えていましたが、社会学ではその原因を特定の個人に見るのではなく、社会の構造の中でそのいじめが起きているという風に見ていきます。その講義を受けて、「なんて役に立つ学問」なんだと初めて勉強を楽しいと思うようになったと同時に、「これは人を幸せにする学問や！」と思い、そんなことを教えられる先生になりたいと思い、大学や大学院への進学を決意したのでした。

　もう一つのきっかけである、女性学との出会いも衝撃的でした。女性学で学んだ数々の言葉や説明は、本書の５章でも紹介した、これまで私が心の中で感じていた「もやもや」を見事に説明してくれていたからです。自分が信じていた「女性らしさ」は、自分が求める「自分らしさ」とは異なっていることや、異なっていても良いと肯定された気がしました。それと同時に、自分が小さい時に感じていた「悔しさ」は、「差別されていた」からだと気付きました。自分が差別の対象となっていることを認めるのは簡単ではありませんでした。一方で、自分も知らず知らずのうちに、人に「悔しい」想いをさせてしまったかもしれないと思い、「差別されたくない」という想いと、「差別したくない」という想いが芽生えていきました。

　その後、社会学を専攻したサンフランシスコの大学では、マイノリティ研究をしている先生たちもたくさんいて、様々な授業を通して、あらゆるカテゴリーの人が差別されていることを知りました。また、サンフランシスコは多様な人々が住む町として知られていて、多様な背景をもつ人との

あとがき

接点も増えていきました。そんな中、自分が相手の社会的カテゴリーに偏見を持っていること、自分も偏見や差別の対象となるカテゴリーを持っていることを自覚し、ますます、「なんで差別が起きるんやろ」「どうしたら差別がなくなるんやろ」と考え、もっと深く知りたいと思い、大学院に進学しました。

　大学院では、非異性愛者とその家族の日本社会における経験から、日本における差別の構造を明らかにすることを目的に研究してきました。研究に協力してくれた当事者の方々やそのご家族の生の声を聞き、差別がいかに不当であるかを再確認しました。協力者の方々には、「差別がなくなるためなら」と、これまでの経験を、時には涙して話していただきました。そんな中、差別の原因を理解することは、差別の解決策を探るためには必要でも、解決していることにはならないのではないかと思い悩んでいました。「どうしたら協力者の人たちに恩返しができるのだろうか」「差別の不当性を伝えることしかできないのだろうか」「これまで積み上げてきた知識をどう活用したらよいのだろうか」そんな思いを巡らせていました。

　そんな時に出会ったのが、「多様性研究」でした。違いを肯定的に捉えられ、多様性を尊重できる若者を、教育を通して育成することで差別しない心をもつ人を増やし、差別をなくすことを目指す、そんな研究です。あらゆる差別をなくすために、いろいろな活動をしている人たちがたくさんいます。でも私は、多様性教育を通して、差別のない社会づくりに少しでも貢献できればと思っています。

　私が「女子なのに」や「女子のくせに」とネガティブな意味で「女性」を意識した経験を、「自分らしさ」を否定されるような経験を、私の姪や甥、これまで出会った中学生や高校生、この本を読んでくれている皆さんに経験してほしくありません。もっと多くの子たちが、「自分のことを好きですか」という質問にすぐに手を挙げられる、そして、「自分らしさ」を自分のためと他の人のために使える人たちが増えてほしいです。そんな思い

でこの本を書きました。この本が、皆さんが「自分らしく」生きるための一歩へとつながればうれしいです。

　最後に、私が「自分らしく」いることを受け止め、サポートし、応援してくれる家族や友人など KSO（知っている大切な他人）の皆様、ならびに、わたしの生活を支えてくれている USO（名前も知らない大切な他人）の皆様に、心よりお礼申し上げます。いつも本当にありがとうございます。
（元山琴菜）

　これまで私たちは、株式会社アイエスエイ、石川県能美市、岡山学芸館高校、マレーシアのマラ工科大学、インドのインド工科大学ガンディナガール校、ベトナム国家大学といった様々な場で、多様性教育の授業や講義、セミナー、ワークショップ、講演を行ってきました。これらの実践を通して、本書の内容により深みをもたせることができました。

　株式会社アイエスエイとは 2018 年度から「Diversity Studies に関する研究」を共同で行ってきました。株式会社アイエスエイが手掛ける「エンパワーメントプログラム」を、多様性理解に特化したものとして開発し、そのプログラムの実施高校での講義をしました。その中で出会った高校生やグループリーダーである大学生や大学院生との素晴らしい出会いを通して、輝かしい「未来」の構築に携われたことを実感しました。

　また、石川県能美市も、「グローバル教育と多様性理解に関する研究」の共同研究者として、地域における多様性の受け皿づくりを目指して取り組んできました。石川県能美市役所地域振興課の皆さまのご支援とご助力の下、能美市内にある保育園から高校の 15 年間の公教育にグローバル教育と多様性理解を促すという、一貫した教育の実施を目指す壮大な取り組みでしたが、石川県能美市宮竹保育園、宮竹小学校、辰口中学校、石川県立寺井高等学校にはご賛同いただきました。すでに学校行事等でお忙しい先生方でしたが、子どもたちのより良い未来づくりのためにとご理解とご

協力を承りました。

　岡山学芸館高校は、「多様性研究プロジェクト」の実施を快諾していただき、多様性研究の実施の場をご提供いただきました。このプロジェクトは、2019 年度 1 年生の中からプロジェクトへの参加者を募り、計 36 人を対象に、3 年間を通して多様性教育の授業を実施するものです。授業の前後に実施するルーブリックや参加生徒からのコメントの収集にご協力いただきました。また、子どもたちの未来を真剣に考え、本当に熱心な岡山学芸館高校の先生方には、いつも鼓舞されるとともに、教育の望みを感じさせていただいております。

　他にも、本書の挿絵を描いてくれた佐納柚希さんにもお礼を申し上げます。佐納さんは、大阪府立岸和田高等学校で実施された株式会社アイエスエイのエンパワーメントプログラムで出会いました。当時高校生で、多様性研究にも深い理解と共感をしていただいておりました。授業や講演の際に使用する挿絵をお願いしたところ、快諾していただき、忙しい高校生活の合間をぬって取り組んでいただきました。この本が、そして、多様性研究での学びが、佐納さんの輝かしい未来へのエールとなることを心より願っております。

　さらに、何度も読み直して、コメントをくださった編集者の岸上祐子さんのご支援がなければ出版は実現していませんでした。

　この本の執筆および多様性教育の実施にあたり、多くの KSO の皆様、ならびに、USO の皆様がいます。本書が、皆様の「幸せ」に少しでも貢献できればこれ以上の幸せはありません。

　本書が世に出ることに関わってくださった皆様へ、心から感謝を申し上げます。(川西俊吾・元山琴菜)

【著者紹介】

川西俊吾（かわにし　しゅんご）

石川県出身。北陸先端科学技術大学院大学特任教授、学長補佐。慶応大学法学部政治学科卒業、ジョージア大学（米国）大学院にて政治学博士号取得。ジョージア大学地球問題研究所で研究員、シニアスカラーを務め、以後44年間グローバル教育の開発と導入に携わる。トランスパシフィックハワイカレッジ（米国）の副学長、学長を務めた後、帰国。2009年より北陸先端科学技術大学院大学にて、先端領域基礎教育院長、グローバルコミュニケーションセンター所長、国際担当副理事、国際広報担当副学長を歴任。インド工科大学ガンディナガール校でも毎夏、講義をする。グローバル教育と多様性研究に関する講演は1000回以上に及び、アジアとアメリカの多くの教育機関で研修会やセミナーを開催している。

元山琴菜（もとやま　ことな）

福井県敦賀市出身。北陸先端科学技術大学院大学 講師。福井県立敦賀高等学校を卒業後、渡米。トランスパシフィックハワイカレッジにて準学士号、サンフランシスコ州立大学にて学士号（社会学）、ハワイ大学マノア校にて修士号（社会学）を取得。帰国後、大阪大学大学院にて博士号（人間科学）を取得。専門は、ジェンダー・セクシュアリティ研究、マイノリティ研究、差別研究、多様性研究。特に、非異性愛者とその家族の研究を通して、日本社会における差別を分析。2018年よりインド工科大学ガンディナガール校でも講義。これまで、インド、マレーシア、ベトナム、国内の高校でも多様性や人権に関する講演活動や特別授業を行う。

あたらしい自分との出会い New Self
～「自分らしさ」の発見、「多様性」の尊重、そして「協働」の実現～
....

2020年11月5日　初版発行
2020年12月1日　初版第2刷発行

著　者／川西俊吾（第1章第1～4節、第2章第4節、第3章、第4章第4節、第6章第2・3節、第7章、第8章）
　　　　元山琴菜（第1章第5・6節、第2章第1～3節、第4章第1～3節、第5章、第6章第1・2節）
発行人／岸上 祐子
発行所／株式会社　海象社
　　　　〒103-0016　東京都中央区日本橋小網町 8-2
　　　　TEL：03-6403-0902　FAX：03-6868-4061
　　　　https://www.kaizosha.co.jp/
　　　　振替　00170-1-90145
カバー・本文デザイン／㈱クリエイティブ・コンセプト
イラスト／佐納柚紀　（p.20、p.35、p.70）・いらすとや　p.91
印刷／モリモト印刷株式会社